監修者——佐藤次高／木村靖二／岸本美緒

［カバー表写真］
万里の長城

［カバー裏写真］
三星堆遺跡出土仮面

［扉写真］
龍門、奉先寺大仏

世界史リブレット61

中国史のなかの諸民族

Kawamoto Yoshiaki
川本芳昭

目次

中国史上の諸民族と漢民族

日本の歴史と中国の歴史との大きな相違の一つは、日本においてもまったく存在しなかったというわけではないが、中国にあっては、日本の場合と比較にならないほど多様な諸民族が古来よりその大地で生活し、歴史を形成してきたことである。そのことは現在の中国(中華人民共和国)にモンゴル、ウイグル▲、チワン▲、ミャオ▲など五六もの民族が存在していることからも明らかである。

そうしたなかにあって、もっとも多数の人口をかかえる民族が漢民族である。しかし、この漢民族の問題を考えるとき、この漢民族もまた、ほかの諸民族とのあいだで歴史上種々の抗争・融合をへて形成されてきたものであることを忘れてはならない。このことは例えば、今日の北中国の漢民族と南中国の漢民族

▼ウイグル　はじめモンゴル高原のちトルキスタン方面に移住したトルコ系民族の一つ。現在は中国の新疆ウイグル自治区と旧ソ連の中央アジアを主たる居住地とし、人口は約一一〇〇万人。

▼チワン　中国、広西チワン族自治区を中心に、雲南、広東、貴州、湖南の諸省に居住する民族。人口は約一八〇〇万人を数える。中国の文献ではかつて獞族と書かれていたが、現在は壮族と改められている。

▼ミャオ　中国の西南部、およびベトナム、タイ、ラオスなどに居住する民族。ミャオ族、メオ族とも呼ばれる。湖南、貴州、四川、雲南、広西チワン(壮)族自治区などに分布し、中国内の総数は、約九〇〇万人。

中国分省図

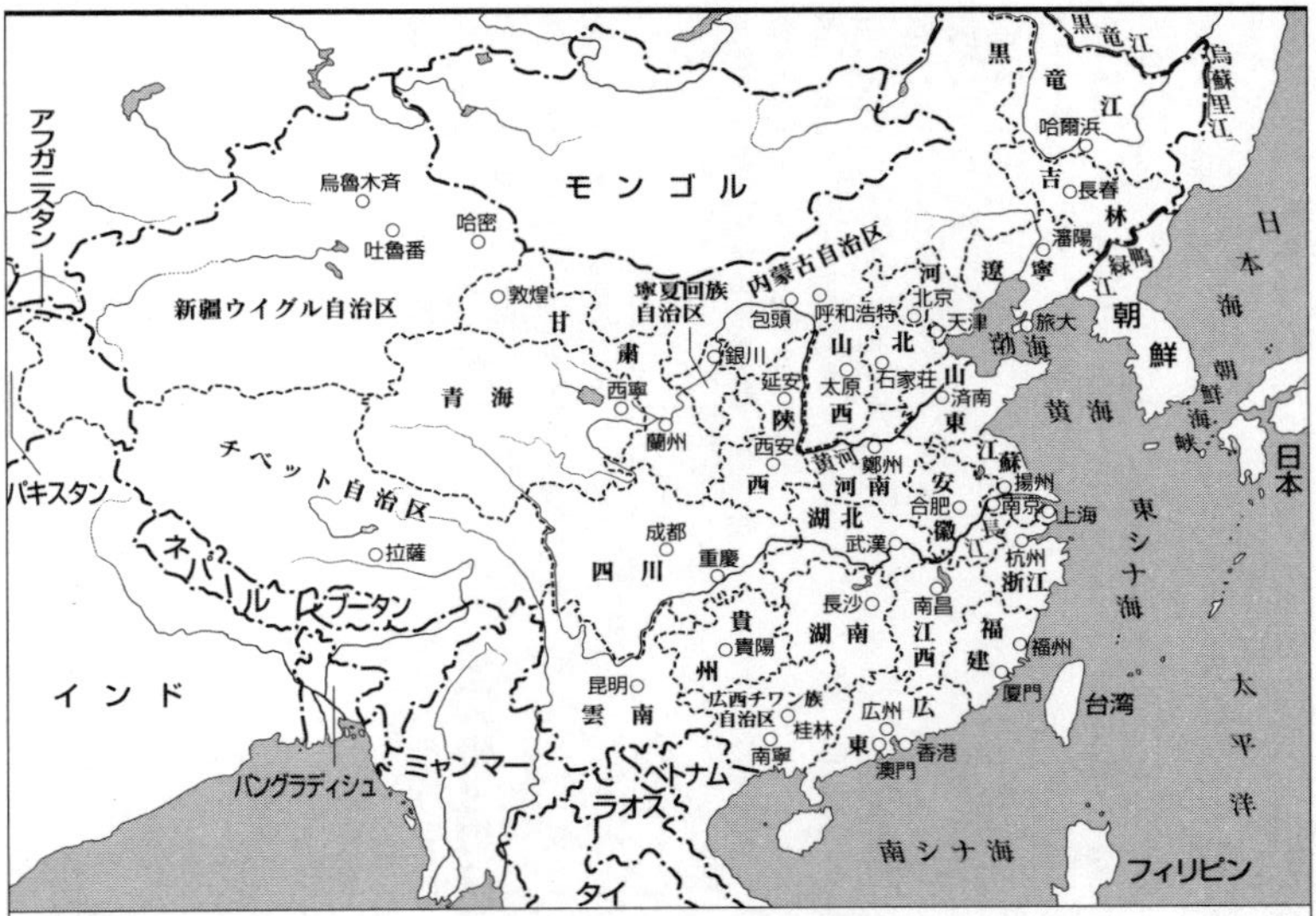

アフガニスタン
パキスタン
インド
ネパール
ブータン
バングラディシュ
ミャンマー
ラオス
ベトナム
タイ
フィリピン
モンゴル
日本
朝鮮
新疆ウイグル自治区
烏魯木斉
吐魯番
哈密
敦煌
チベット自治区
拉薩
青海
西寧
甘粛
蘭州
寧夏回族自治区
銀川
内蒙古自治区
包頭
呼和浩特
黒竜江
哈爾浜
吉林
長春
遼寧
瀋陽
旅大
河北
北京
天津
石家荘
山西
太原
山東
済南
陝西
延安
西安
河南
鄭州
江蘇
南京
揚州
上海
安徽
合肥
浙江
杭州
湖北
武漢
湖南
長沙
江西
南昌
福建
福州
厦門
四川
成都
重慶
貴州
貴陽
雲南
昆明
広西チワン族自治区
桂林
南寧
広東
広州
香港
澳門
台湾
鴨緑江
烏蘇里江
黒竜江
長江
黄河
渤海
黄海
東シナ海
南シナ海
日本海
朝鮮海峡
太平洋

東アジア・北アジア年表

年代	北アジア	中国	朝鮮	日本
		旧石器時代		
		新石器時代（仰韶・龍山文化）		縄文時代
1600		殷		
770		西周		
403		春秋時代（東周）		
221		戦国時代	箕氏朝鮮	
206	匈奴	秦	衛氏朝鮮	弥生時代
A.D.9		前漢	楽浪郡 三韓	
25		新		
221	鮮卑	後漢	（帯方郡）	
265		三国時代		古墳時代
318	柔然	西晋	高句麗 百済	
420	高車	五胡十六国 東晋		
589		（北魏）南北朝時代（宋）		
618	突厥	隋		飛鳥
	ウイグル	唐	渤海 新羅	奈良
907	キルギス			平安
960	契丹（遼）	五代十国	（契丹領）	
1127	（金領）	西夏 宋（北宋）	高麗	
1279	モンゴル	南宋 金		鎌倉
1368	北元	元		室町
	汗国 カシュガル オイラート タタール	明	朝鮮（李朝）	安土桃山
1661		清		江戸
				明治
1912		中華民国	日本統治時代	大正
1949	モンゴル人民共和国	中華人民共和国	朝鮮民主主義人民共和国 大韓民国	昭和

中国少数民族の分布

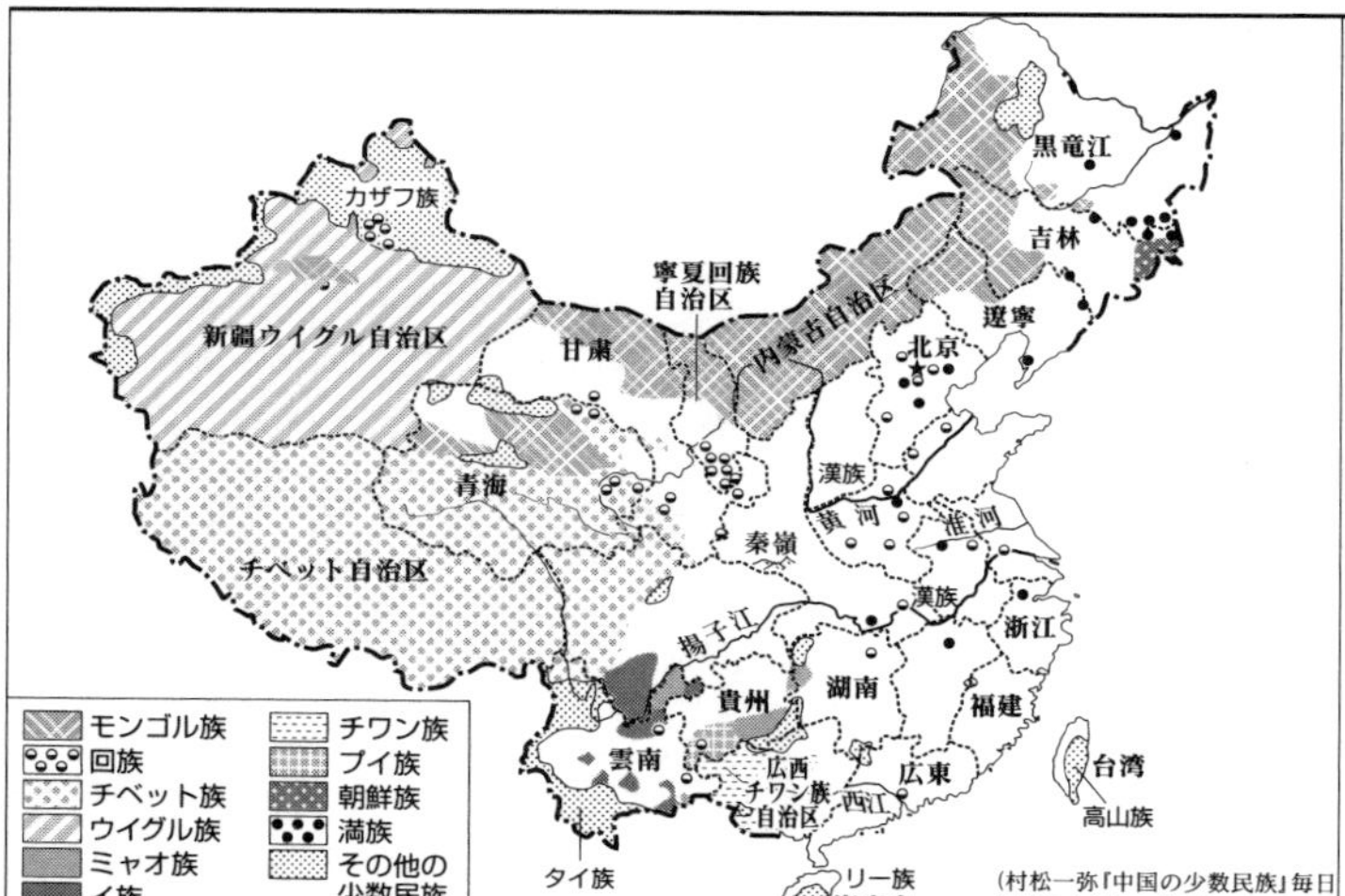
カザフ族
新疆ウイグル自治区
甘粛
寧夏回族
自治区
内蒙古自治区
黒竜江
吉林
遼寧
北京
青海
チベット自治区
漢族
黄河
淮河
秦嶺
揚子江
浙江
湖南
貴州
福建
雲南
広西
チワン族
自治区
西江
広東
台湾
高山族
タイ族
リー族
海南島
モンゴル族
回族
チベット族
ウイグル族
ミャオ族
イ族
チワン族
プイ族
朝鮮族
満族
その他の
少数民族

(村松一弥『中国の少数民族』毎日新聞社をもとに作成)

中国の少数民族一覧表

漢語名	漢語拼音方案によるローマ字表記	日本語名	主な分布地	漢語名	漢語拼音方案によるローマ字表記	日本語名	主な分布地
1. 蒙古	Mongolia	モンゴル	内蒙古	29. 土	Tu	トゥー	青海
2. 回	Hui	回	寧夏・全国	30. 達斡爾	Tahur	ダフール	内蒙古
3. 蔵	Tibetan	チベット	西蔵・青海	31. 仫老	Mulao	ムーラオ	広西
4. 維吾爾	Uighur	ウイグル	新疆	32. 羌	Chiang	チャン	四川
5. 苗	Miao	ミャオ	貴州・湖南	33. 布朗	Pulang	プーラン	雲南
6. 彝	Yi	イ	四川・雲南	34. 撒拉	Sala	サラール	青海
7. 壮	Chuang	チワン	広西・雲南	35. 毛難	Maonan	マオナン	広西
8. 布依	Puyi	プイ	貴州	36. 仡佬	Kelao	コーラオ	貴州
9. 朝鮮	Korean	朝鮮	東北	37. 錫伯	Sibo	シボ	新疆 東北
10. 満	Manchu	満州	東北・北京				
11. 侗	Tung	トン	貴州・湖南 広西	38. 阿昌	Achang	アチャン	雲南
				39. 普米	Pumi	プミ	雲南
12. 瑶	Yao	ヤオ	広西・広東	40. 塔吉克	Tajik	タジク	新疆
13. 白	Pai	ペー	雲南	41. 怒	Nu	ヌー	雲南
14. 土家	Tuchia	トゥチャ	新疆	42. 烏孜別克	Uzbek	ウズベク	新疆
15. 哈尼	Hani	ハニ	雲南	43. 俄羅斯	Russian	オロス(ロシア)	新疆
16. 哈薩克	Kazakh	カザフ	新疆	44. 鄂温克	Owenke	エヴェンキ	内蒙古
17. 傣	Tai	タイ(ダイ)	雲南	45. 崩竜	Penglung	パラウン	雲南
18. 黎	Li	リー	海南島	46. 保安	Paoan	ボウナン	甘粛
19. 傈僳	Lisu	リス	雲南	47. 裕固	Yuku	ユーグ	甘粛
20. 佤	Wa	ワ	雲南	48. 京	Ching	キン	広西
21. 畲	She	ショオ	福建・浙江	49. 塔々爾	Tartar	タタール	新疆
22. 高山	Kaoshan	高砂	台湾	50. 独竜	Tulung	トールン	雲南
23. 拉祜	Lahu	ラフ	雲南	51. 鄂倫春	Olunchun	オロチョン	内蒙古
24. 水	Shui	スイ	貴州	52. 赫哲	Hoche	ホジェン	黒竜江
25. 東郷	Tunghsiang	トンシャン	甘粛	53. 門巴	Monba	メンパ	西蔵
26. 納西	Nahsi	ナシ	雲南	54. 珞巴	Lopa	ロッパ	西蔵
27. 景頗	Chingpo	チンポー	雲南	55. 基諾	Jinuo	チィノー	雲南
28. 柯爾克孜	Khalkhas	キルギス	新疆	56. 漢	Han	漢	全国

(周達生『中国民族誌』日本放送出版協会 1980 より)

中国各地の方言

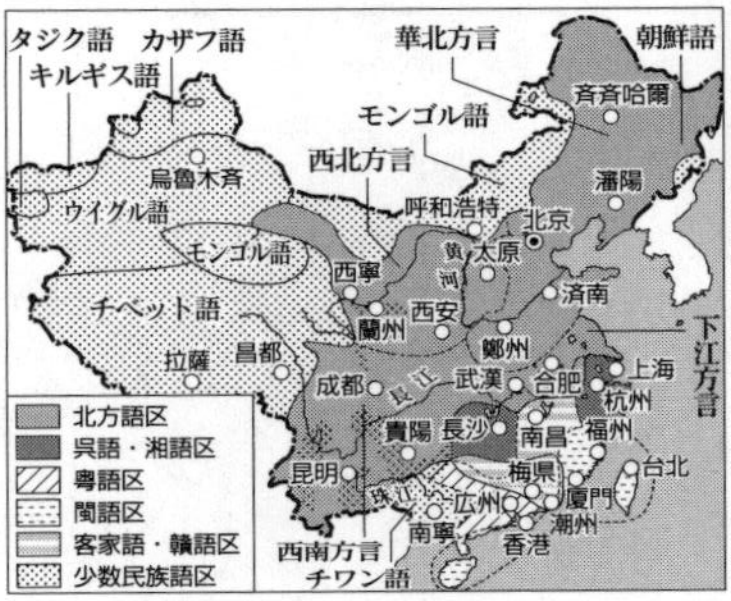
タジク語
カザフ語
キルギス語
華北方言
朝鮮語
斉斉哈爾
モンゴル語
西北方言
烏魯木斉
瀋陽
ウイグル語
呼和浩特
北京
太原
黄河
モンゴル語
西寧
西安
済南
チベット語
蘭州
鄭州
下江方言
拉薩
昌都
成都
武漢
合肥
上海
長江
杭州
貴陽
長沙
南昌
福州
昆明
台北
梅県
珠江
広州
廈門
潮州
南寧
香港
西南方言
チワン語
北方語区
呉語・湘語区
粤語区
閩語区
客家語・贛語区
少数民族語区

とのあいだにみられる形質的相違、極めて多様な方言の存在、四川料理、広東料理など食文化の多様性などからも容易にうかがえる。

『容齋随筆』という十二世紀の宋の時代の書物に、

古代の周の時代、中国の領域はもっとも狭かった。現在（宋の時代）の地理で考えると、呉（長江下流の江南地域）、越（同じく長江下流の江南地域）、楚（長江中流の地域）、蜀（四川省の地域）、閩（福建省の地域）はみな蛮族の地であり、淮南（長江下流の江北地域）はやはり蛮族の地であり、秦（関中、すなわちのちの長安の地域）は戎族の地であり、河北の真定・中山の地域（現在の河北省の地域）は鮮虞、肥鼓などと呼ばれる異民族の地であり、河東（山西省の地域）には、赤狄、甲氏、留吁……などと呼ばれる異民族がおり、洛陽は天下の中心としての王の城の所在地であったが、それでも周辺に揚拒、泉皐、蛮氏、陸渾、伊雒などと呼ばれる戎族がおり、宋の都がのちにおかれることになる開封の地には萊牟、介、莒などと呼ばれる夷族がいた。……当時中国といえるところはただ晋、衛、斉、魯、宋、鄭、陳、許の国のみで、全体でも……宋の時代の天下の五分の一にしかあたらなかった。

とある。これは宋の時代から過去の周の時代を振り返って述べられたものである。つまり、春秋戦国時代より以前における、いわゆる「中国」の範囲は宋の時代のそれと比較すると極めて局限されたものであったわけである。

しかし、宋の時代の「中国」の範囲も、今日の中国の領域が、チベット、新疆(しんきょう)、モンゴルの南部、かつての「満州」の地などをも包含したさらに拡大したものであることを踏まえると、また「狭い」といわざるをえないであろう。そのような歴史的変遷をへて出現してきた今日の中国全体の地域に居住する人口のうち、その九割以上をいわゆる漢民族と呼ばれる人びとが占めているのである。このことは今日の漢民族自体が過去の諸民族との融合によって出現したものであることを物語っている。

中国各地の主要料理

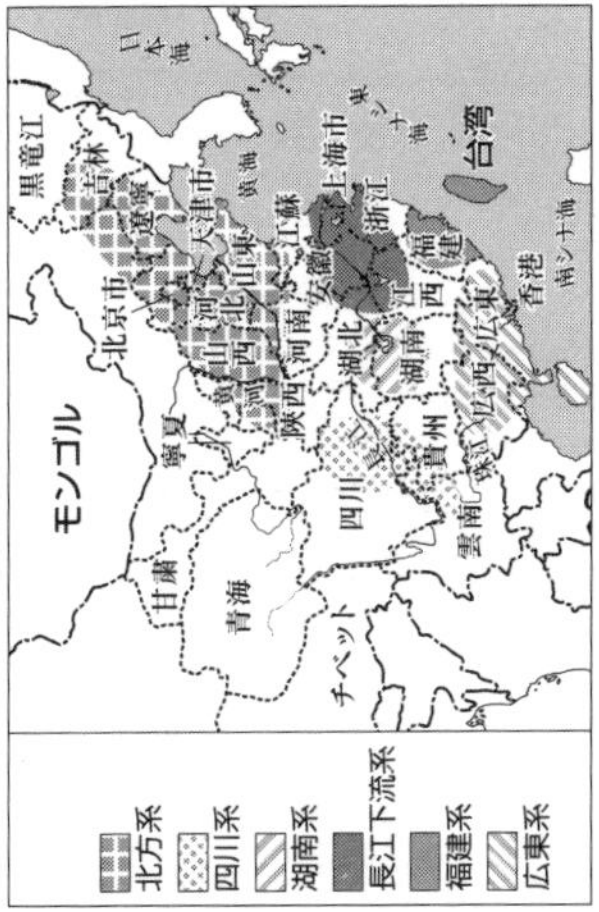
モンゴル
黒竜江
吉林
遼寧
北京市
天津市
河北
山西
山東
河南
陝西
寧夏
甘粛
青海
四川
湖北
湖南
江蘇
安徽
上海市
浙江
江西
福建
広東
広西
貴州
雲南
チベット
台湾
香港
日本海
黄海
東シナ海
南シナ海
北方系
四川系
湖南系
長江下流系
福建系
広東系

①―漢唐間の北方民族と中国

匈奴と漢民族との相克

中国の歴史を通観するとき、そこに遊牧、あるいは狩猟採集を主たる生業とし、万里の長城の以北を主要な居住領域とした北方民族と、農耕を主たる生業とする漢民族とのあいだで展開された、絶えざる抗争と交流の歴史をみることができる。匈奴と秦漢帝国とのあいだの抗争、その匈奴や鮮卑、羯、氐、羌などのいわゆる五胡と呼ばれる諸民族と漢民族王朝とのあいだの抗争、突厥▲と隋唐帝国とのあいだの抗争、契丹▲と唐宋帝国とのあいだの抗争、モンゴルと漢民族王朝とのあいだの抗争、満州族▲と漢民族とのあいだの抗争等々、その事例は史上枚挙にいとまがないほどである。

それら北方諸民族のうち、漢民族と対抗しうる、あるいはそれを凌駕する一大勢力に史上はじめて成長したのは匈奴である。現在私たちは、中国初の統一王朝である秦が匈奴の侵攻を防ぐために建設した万里の長城の威容から、秦の国力の巨大さを実感しうるが、逆にそのことは当時の匈奴のもった力の強大さ

▼突厥　六〜八世紀に北アジアを中心とし中央アジアをも支配したトルコ系部族およびそれを中心とする遊牧部族連合国家の名称。呼称はチュルクTürkの音訳で「とっけつ」とも呼ばれる。その君主は可汗Qaghanと呼ばれた。

▼契丹　古代北アジアのモンゴル系民族。すでに四世紀にはモンゴリア東部、興安嶺東麓で活躍していたことが中国の歴史書にみえる。十世紀初めに契丹帝国を、また中国の華北に進出して遼を建国した。

▼満州族　中国史上の清朝を建てたツングース系の民族。満州の名称は清朝太祖時代、自らの国をマンジュ国と称したことに始まり、太宗時代に民族名および地域名として定着した。

をも私たちに教えてくれる。

このように北アジアと東アジアの地域にあい対立する匈奴と秦という二巨大勢力がほぼ同時に出現してきたのは、たんなる偶然ではなく、有史以前からの両地域における発展とその相互連関がもたらした結果であるが、こうしてできあがった南北構造がその後の歴史展開の基点となっていくのである。

秦と匈奴の抗争は、秦のあとを受けた漢の時代になっても継続し、当初、漢の建国者劉邦（りゅうほう）自身が匈奴との戦いに敗れ、匈奴の王冒頓単于（ぼくとつぜんう）▲の率いる匈奴騎馬軍三二万人によって中国山西省大同の東北にある白登山に包囲されたように（紀元前二〇〇年）、漢は匈奴に対して劣勢をよぎなくされた。これは秦末の混乱によって中国側に戦乱が続き、それを受けた漢も当初匈奴を圧倒するような力をもちえなかったことによる。しかし、漢による統一が安定をむかえ、充実した国力のもと、匈奴を圧倒しはじめる漢の武帝▲の時代になると、形勢は徐々に逆転していく。

▼単于　匈奴の最高権力者の称号。その地位は部族連合体である匈奴の中核部族の攣鞮（れんてい）氏（虚連題氏）に独占された。

▼武帝（在位前一四〇〜前八七）　前漢の第七代皇帝。漢の最盛時期を出現させた。儒教の国教化、年号の制度の創始、封建諸侯の勢力の削減などを実施し、中央集権体制を確立することに成功した。

茂陵（漢武帝陵）

匈奴の分裂と諸民族の移動

以後、両者の抗争には一進一退があるが、後漢の初め(紀元後四八年)匈奴内部に起こった争いは、匈奴の日逐王比(自立して呼韓邪単于となる)がその支配下の大量な匈奴部民を率いて漢に帰属するという匈奴の南北分裂という事態を生む。漢に帰して長城以南の地に移り住んだ匈奴(南匈奴)は、以後政治的独立を失い、従来の牧畜を主とする集落生活を継続してはいたが、以後急速に中国社会との接触を深め、その生活様式を受容していくようになる。

また、匈奴との抗争をへて、前漢以来西域へつながる河西回廊地帯が漢の手中に帰したことによって、チベット系と目される氐・羌族が甘粛、陝西などに強制移住させられるようになった。さらに、東北方面では、興安嶺を故地とする鮮卑族が西進して匈奴の故地モンゴルに移住し、さらに中国内地へと南下の動きを示すようになる。

こうした状況の進展は長城以南の地に匈奴を筆頭として、大量な非漢民族の流入を引き起こしたが、中国内部の地に移住した人びとは多くの場合、漢民族からの蔑視と圧迫にさらされるようになる。そして、彼らの悲惨な状況は彼ら

▼王莽　前漢を滅ぼし新という王朝を創始。『周礼(しゅらい)』の制度を手本に儒教的な理想国家の実現をめざしてさまざまな大改革をおこなったが、客観的情勢を見定めずおこなったため、失敗した。

▼黄巾の乱　後漢末の宗教反乱。鉅鹿(河北省)の張角は罪の懺悔による療病と倫理的な生き方を説いた(太平道)。一八四(中平元)年、後漢王朝の滅亡と新たな社会「黄天」の樹立を叫んで一斉に蜂起した。後漢はこれ以降著しく衰退する。

▼司馬炎(在位二六五〜二九〇)　西晋の武帝。祖父は三国志の英雄司馬懿(い)。急死した父司馬昭のあとを継いで魏を滅ぼし、二六五(泰始元)年西晋王朝を開き、二八〇(太康元)年呉をも滅ぼして、天下統一を達成した。

のあいだに漢民族に対する民族的抵抗を生むようになり、後漢末から始まる中国内部の大混乱の主要な一因となったのである。

漢は、途中、王莽（おうもう）▲によって建国された短命な王朝新の時代はあったが、ほぼ秦の始皇帝による天下統一を受け継いで、四〇〇年以上の長きにわたって繁栄した（前漢、後漢）。しかしその繁栄も、二世紀の末に起こった黄巾（こうきん）の乱▲の開始とともに急速に衰退しはじめ、時代は群雄の割拠するいわゆる三国志の時代へと移っていった。その混乱は西晋を建国する司馬炎（しばえん）▲の時代になって一旦は収束したかにみえたが、中国内部諸勢力の激突にともなう混乱（八王の乱▲）、西洋におけるゲルマン民族の侵入▲に匹敵する匈奴、羯、鮮卑、氐、羌などの五胡の侵入によって、中国は後漢末・三国時代に生じた戦乱と混乱をも上回る大崩壊の時代である五胡十六国時代へと突入するのである。

この西晋の時代に続く混乱を極めた五胡十六国時代を収束し、のちの隋唐統一帝国の母胎となるのは、鮮卑族の一たる拓跋部（たくばつ）▲が建国した非漢民族国家北魏である。北魏は西洋中世においてゲルマン民族の大移動を収束し、西欧世界を統合したフランク王国とあい似た役割をはたした王朝である。この国家は華北

▼八王の乱　西晋末、王族趙王らによって引き起こされた内乱。外戚楊氏の政権壟断（ろうだん）、皇后賈氏のクーデタに端を発する（二九一年）。その後、賈氏の専権、諸王の挙兵、賈氏覆滅（三〇〇年）というように展開し、大混乱のなか、西晋は滅亡する。

▼ゲルマン民族の侵入　ゲルマン系のゴート族が、四世紀後半、西進して来たフン族に押され、三七五年、西ゴート族がドナウ川をわたってはじめてローマ帝国領に移住したのをきっかけにして、ゲルマン人の諸部族は西ローマ領内へ移住し、各地に国家を建設した。

▼拓跋部　鮮卑の一部族で、北魏を建設した。その故地は大興安嶺北部甘河上流（黒竜江省）であったことが最近の調査で判明している。のちモンゴル高原に西遷、塞北を制覇して部族連合国家を建設し、四世紀末には中国で北魏を建てた。

の大地のほぼ全域を統一し(四三九年)、以後一〇〇年をこえる支配を実現するが、中国史を通観するとき、中国の大地に侵攻し、国家を建国した北方諸民族国家の一つの典型を示しているといえる。

よって中国史上の諸民族について述べるにあたって、この王朝がいかなる王朝であったのかについてやや詳しく取り上げ、そのうえでその後に出現する契丹(遼)、金、元、清などの北方民族国家について述べることにしたい。

北魏という国家

北魏は、史上、後魏、元魏とも称するが、通常は北魏と称されている。その北魏を建国する鮮卑のなかの一部族たる拓跋部は三世紀のなかごろ、その初期のリーダー拓跋力微(りきび)が諸部を合わせて盛楽(せいがく)(いまの内蒙古和林格爾(ホリンゴール))を中心に活躍するようになってから明確なかたちで史上にその姿をあらわし、以後、曲折をへながらもモンゴル高原の一大勢力として成長していく。

四世紀末、拓跋珪(けい)▲は、はじめて帝号を称し(太祖道武帝)、登国と建元して国号を魏と定めた(三八六年)。その後、道武帝、太宗明元帝、世祖太武帝と続く

▼**拓跋珪**(在位三八六～四〇九)　北魏の初代皇帝。三八六(登国元)年、代王を称し、三九七(皇始二)年、同じ鮮卑の建国した後燕の首都中山を攻略した。翌年平城で皇帝の位につき、北魏を創始した。

● 五胡の分布と移動

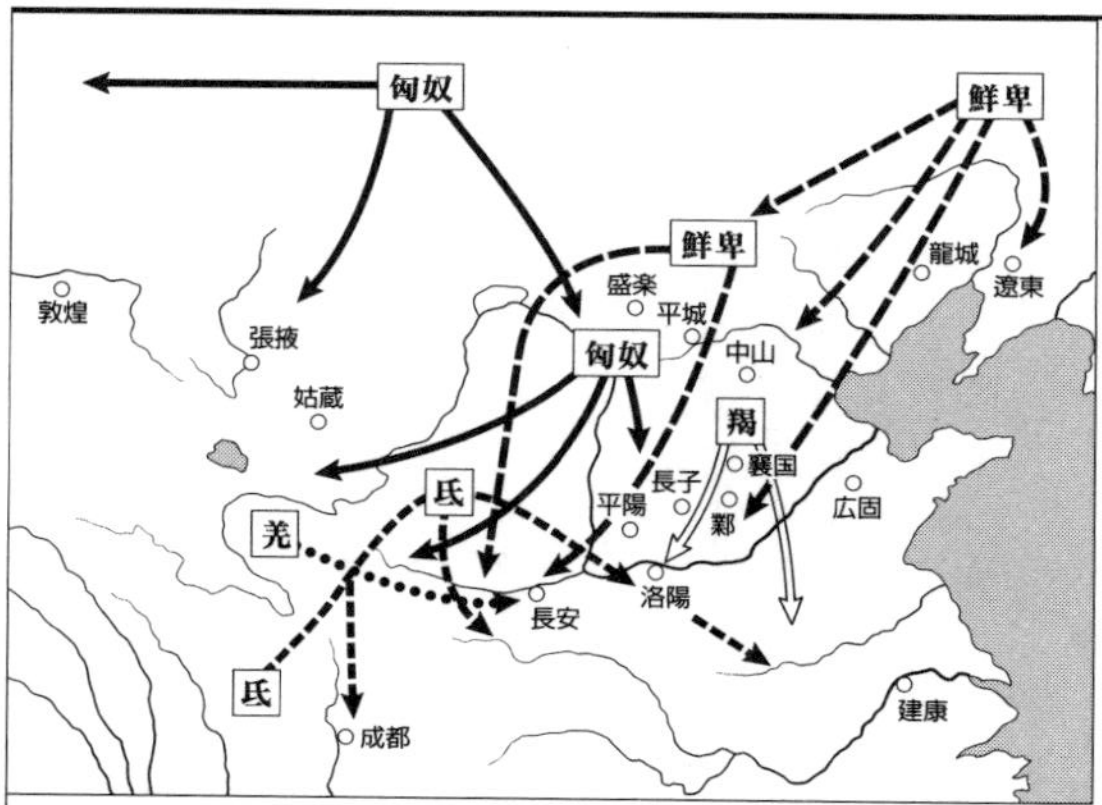
匈奴
鮮卑
鮮卑
匈奴
羯
氐
羌
氐
敦煌
張掖
姑蔵
盛楽
平城
中山
龍城
遼東
襄国
鄴
広固
長子
平陽
洛陽
長安
成都
建康

● 均田制（北魏・隋・唐）

	年齢	露田	桑田	麻田
北魏	男（15～69歳）	40畝（倍田）	20畝	10畝
	女（既婚者）	20畝（倍田）		5畝
	奴婢	良民と同じ	20畝	10畝
	耕牛（4頭を限度）	30畝（1頭）		
隋	丁男（18～59歳）	80畝	20畝（永業田）	
	丁女（同上）	40畝		
唐	丁男（21～59歳）737年 （23～59歳）744年 （25～54歳）763年	80畝（口分田）	20畝（永業田）	

● 北魏世系図

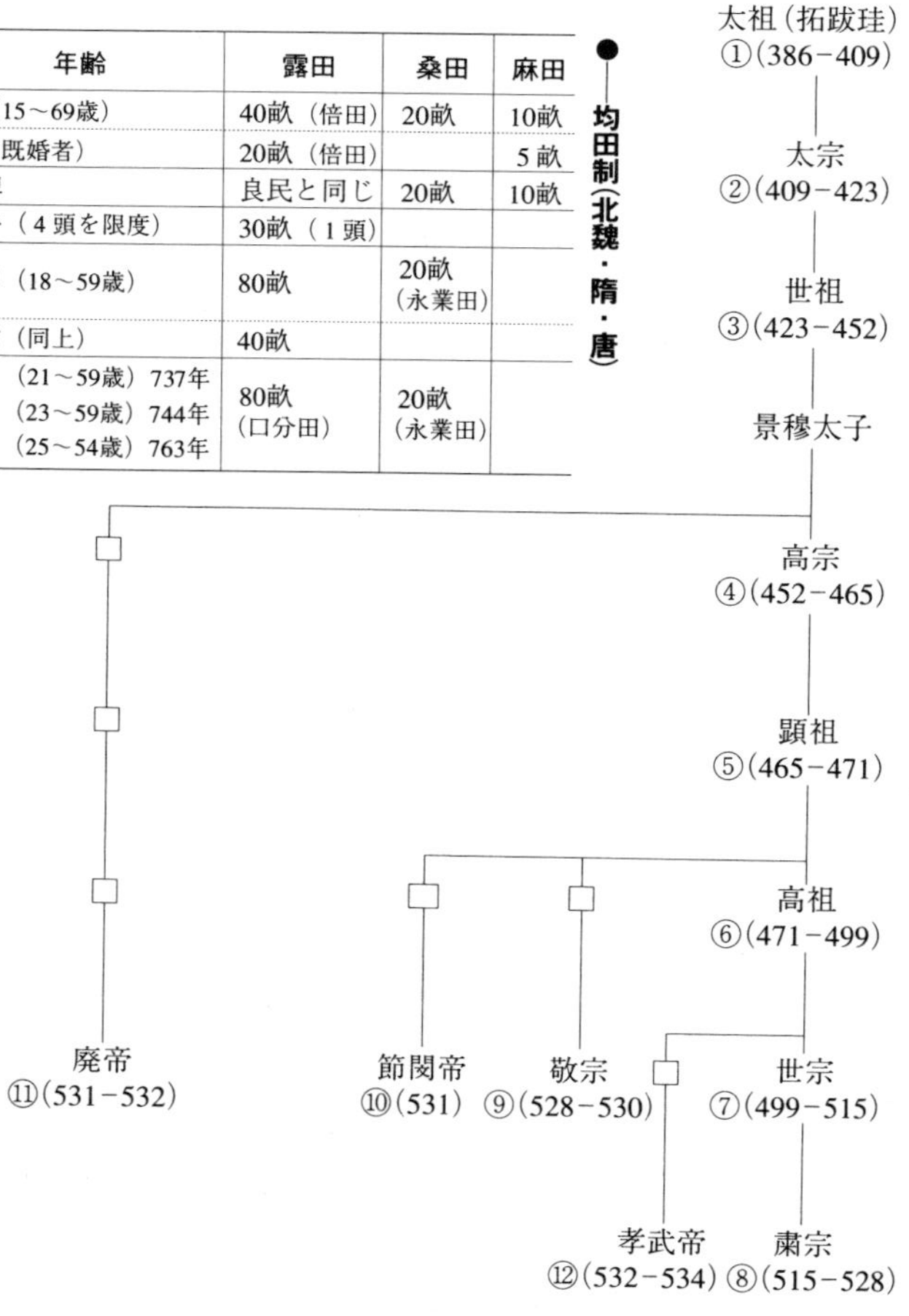
太祖（拓跋珪）
①（386－409）
太宗
②（409－423）
世祖
③（423－452）
景穆太子
高宗
④（452－465）
顕祖
⑤（465－471）
高祖
⑥（471－499）
世宗
⑦（499－515）
粛宗
⑧（515－528）
敬宗
⑨（528－530）
節閔帝
⑩（531）
廃帝
⑪（531－532）
孝武帝
⑫（532－534）

三代の皇帝の治世のあいだに、着々とその支配領域を拡大し、四三九年ついに割拠する諸国を平定し、華北を統一するまでに成長する。北魏は八王の乱、永嘉の乱▲に始まる大混乱の時代をほぼ一四〇年ぶりに統一することに成功したのである。

そうした安定を基盤として北魏の最盛期を現出させた皇帝が、隋唐の均田制▲や日本古代における班田収授制▲に影響を与えた均田制を実施した皇帝として史上著名な高祖孝文帝・拓跋宏(こう)である。彼は北魏の建国者道武帝拓跋珪の第六世孫として皇興元(四六七)年、第五代皇帝・顕祖献文帝の長子として北魏の都平城(山西省大同)に生まれ、同五(四七一)年、幼年をもって北魏第六代の皇帝の位に即いた。

北魏の歴史を述べた歴史書である『魏書』は彼を評して、

> 親政するようになるとその治世の十数年のあいだ、一時も休むことなく天下万民のため政治に精励した。いにしえの事柄に精通し、天界と人界との調和をむねとし、諸政万般を改革した。海内の人びとはみなその恩寵を賜り、そのうえ雄才大略があり有徳有能の人物を好み、己を役して万民のた

▼永嘉の乱　西晋の永嘉年間(三〇七〜三一三年)に起こった動乱。漢以来、華北に移住していた匈奴などの異民族は漢人の収奪に苦しんだが、八王の乱を機に自立をはかった。三一一年、匈奴はついに懐帝を洛陽に、ついで三一六年愍(びん)帝を長安にとらえ、西晋を滅ぼした。

▼均田制　中国の北魏に始まり、北朝・隋・唐の時代におこなわれた土地制度。土地所有の最高限を決める前漢末の限田制、王莽の王田制、西晋の占田・課田制などの延長に出現した。また北方民族が与えた影響も大きいものがあったと考えられる。

▼班田収授制　日本古代の律令制において、各戸に生活の基盤を提供し徴税の基礎を確保するため、水田(例外的に陸田も)を国家が班給し用益させた制度。直接には北魏の均田制の影響を受けた唐の均田制をモデルとしたものである。

めにつくした。古今を通観して「孝文」という諡(おくりな)は名実ともに至当である。と述べ、最大級の賛辞を贈っているが、それは史実に照らしても極めて妥当な評言であるといえるほどの中国史上でもまれな名君であった。

孝文帝はその親政中に「官僚制度の改革」「国家祭祀の改革」「風俗習慣の改革」「封爵制度の改革▲」「宗廟制度の改革▲」「中原王朝北魏としての正統性の確立▲」等々、さまざまな改革を断行している。こうした改革の断行が必要とされたのは、北魏建国以来百余年の歳月をへて北魏という異民族国家が、華北を領有し多くの漢民族をその領域におさめることによって生じたさまざまな軋轢(あつれき)、矛盾のため、変質し崩壊の道をたどりはじめつつあったからである。孝文帝はそうした構造的矛盾を克服し、新たな中華帝国を建設するために、右で述べたような諸改革を断行するのであるが、孝文帝がなにをどのように改革しようとしていたのかをみてみると、そこにのちの遼や金などの北方民族国家が万里の長城をこえ中国の大地や人民を領有した際に生じたのと同様の諸問題が生じていることがわかるのである。

いま、さきにあげたそれらの改革のうち「官僚制度の改革」「国家祭祀の改

▼封爵制度の改革　北魏には孝文帝の改革のときまで、漢族王朝では忌避された王室出身以外の王が存在したが、孝文帝はこれを禁じ、おおむねこれまでの爵位を一等減じた。また、爵位に付属した将軍号の世襲制も廃止し、王権の強化に努めた。

▼宗廟制度の改革　北魏を建国した道武帝の廟号は孝文改革時までは烈祖であった。孝文帝はそれを王朝の創始者を意味する太祖に変更した。この改革は、五胡の一国としての拓跋部代国と中原国家北魏とを異質なものとして分断することを意図していた。

▼中原王朝北魏としての正統性の確立　北魏は孝文帝の改革まで、チベット系の氐族が建国した非漢族国家前秦の継承国家として中国に臨んでいたが、孝文帝は北魏が北魏以前に全中国を統一した中原の正統王朝西晋を継承する国家であることを宣言した。

革」「風俗習慣の改革」について、その内容を具体的にみてみよう。

官僚制度の改革と内朝

「官僚制度の改革」とは簡略に述べれば、北魏がそれまで保持していた鮮卑的官僚制を廃止し、全面的な中国的官僚制を採用したことということができる。北魏にはその建国当初から「内朝」と呼ばれる組織が存在していた。内朝とは皇帝の間近に仕える侍臣集団の組織であるが、それは孝文帝の改革より前にあってはほとんどすべて鮮卑系の人びとによって占められていた。

これらの人びとは大きく分けて、軍事面に従事する武官と、行政面に従事する文官とに分けられていた。内朝武官は、皇帝のそばにあって皇帝の食事、衣服の世話、禁中の警護などの諸事にたずさわり、皇帝の名のもとさまざまな部署に派遣され、軍を率いて各地に転戦した。文官は、皇帝の命令の起草、伝達、記録などにたずさわりながら、やはり皇帝の名のもとさまざまな部署、地方に派遣され、監察を主とした任務に従事していた。

この組織は、拓跋部が中国にはいる前の部族連合国家の段階において、その

近年発見された和平二(四六一)年の銘をもつ北魏碑文の拓本　びっしりと北魏内朝官の職名、および就官者の氏名が刻まれている。

配下部族のリーダーの子弟を拓跋部の王の人質として差し出させ、側近官に任じたところに発している。それゆえ、中国北方の遊牧国家にあってはこれと類似した組織をほかの場合にも見出すことができ、なかでもモンゴル・元のケシクと呼ばれる組織は、この北魏の内朝とそれを構成する諸官の呼称をも含めて極めて類似している(三五頁参照)。すなわち、内朝は鮮卑の伝統に根ざす非漢民族的政治組織であり、北魏の政治はこの内朝を核として、その外側にあって中国的律令制の原理にもとづいて諸施策を実行する行政組織たる外朝の存在とによって運営されていたのである。

　北魏はこうした二重構造を建国後ほぼ一〇〇年をへた孝文帝の時代まで保持しているが、その理由は、北魏が非漢民族によって建国された国家であったということ、および北魏自体が急速に拡大していき、それに対する対応がその場その場を処置するかたちでおこなわれたため、抜本的な国制の改革とならなかったことに求められる。

　孝文帝はその内朝を廃止した。孝文帝が改革を断行したころの北魏の内朝は、国初以来の変遷をへて大きな変容にみまわれていた。その一は、内朝を構成する諸官、とりわけ文官に漢人が多数就官するようになってきていたことである。その結果、鮮卑による漢地支配の国制面での牙城ともいうべき内朝という組織のもつ実質が、喪（うしな）われてきていたのである。その二は、北魏の支配領域の急速な拡大に応じて内朝が肥大化し、機能不全に陥っていたことである。元来スタッフとしての性格の強い内朝に、それぞれの具体的職務をおびた数多くの官職が出現し、行政ラインを構成する傾向を強めたため、従来の外朝に代表される行政ラインとのあいだに多くの混乱をきたし、結果として、行政の遅滞現象が生じてきていたのである。

孝文帝にはその親政にあたってこうした困難な状況を克服する方途として、おおよそ二つの選択肢があった。その一は、鮮卑的国制を抜本的に再編し、中国的諸制の採用や漢人の採用を極力ひかえるという、非漢民族国家としての性格を強化する道、その二は、鮮卑的国制を廃止し、中国的諸制の全面的採用によって、国制の一元化をはかる道である。結局、孝文帝は後者の道を採択し、鮮卑による中国支配の牙城ともいうべき内朝を廃止したのである。

ではそれはいかなる理由によったのであろうか。つぎに、その理由を考えるために孝文帝による諸改革のなかで重要な位置を占める「国家祭祀の改革」と「風俗習慣の改革」の問題についてみてみよう。

「国家祭祀の改革」と「風俗習慣の改革」

ここでいう「国家祭祀の改革」とは当時の都平城(へいじょう)、いまの山西省大同の西郊において毎年四月四日におこなわれていた天を祀る儀式(以下西郊祭天という)をとりやめ、都の南郊でおこなう祭天の儀式に一本化したことを指している。西郊祭天は、遠くは匈奴の龍会、のちの時代ではモンゴル族のクリルタイ▲などとも連なる北方遊牧民族の世界にあって、極めて枢要な意味をもつ祭天儀礼であった。この祭天においては、たんに家畜や農作物の豊饒の祈願など宗教的な儀式が執りおこなわれるだけではなく、諸部族の会同、部族連合体全体のリーダーの選出、その即位儀式、国策の決定なども合わせおこなわれたのである。

しかし、例えば北魏の歴史を記した『魏書』には孝文帝の父の献文帝時代におけるこの西郊祭天について記し、

西郊祭天では毎年木の人形を七体ずつ増し、代替わりごとに祭場をかえて

▼クリルタイ　モンゴル語で集会の意。北アジア遊牧民のあいだでは古くから部族の集会がおこなわれた。それはシャーマニズムにもとづく天を祀る儀礼をともなった。ほかの遊牧民の場合と同様、モンゴルでもそれは議会の性格をもち、ハンの選定・即位、遠征、法令などが議された。

満州赫哲(ホジェン)**族の柱(神像)**　西郊祭天の柱もこのようなものであったと考えられる。

天壇（南郊）　清代の祭天がおこなわれたところ。

▼南郊での祭天　中国では、皇帝は天帝からの命を受けて天下を支配するとされる。それゆえ、皇帝は天子（天の子）と称せられ、定期的に都の南郊で天を祀った。そのような性格の儀礼であるだけに、南郊祭天は中国王朝にとって最重の儀礼であった。

きたが、このことは神明に益のないことであるのでとりやめる。とあって西郊祭天の内容の変更がおこなわれたことを伝えている。この木の人形七体の七は拓跋部を構成した主要七部族の七からきており、本来大きな意味をもっていたが、この時点ではそうした儀礼の本質への認識がすでに失われてきていたことがうかがわれる。

すなわち、孝文帝が西郊祭天の廃止をおこなった時点で、鮮卑にとってその統合のシンボルともいうべき祭天の儀礼に形骸化が進行しており、孝文帝はそれを受けて西郊祭天を廃止し、中国的な祭天儀礼である南郊での祭天▲への一本化を断行しているのである。

つぎに「風俗習慣の改革」についてであるが、これはいわゆる胡服・胡語（鮮卑の服装や鮮卑語など）の使用禁止などとしてよく知られている。支配民族が率先して自らの風俗習慣を棄て、被支配民族の用いる漢服・漢語を採用するという道を選択するということは一見すると奇妙なことである。この問題を考えるとき、孝文帝の改革のころ、支配民族たる鮮卑のなかに自らの言語を忘却し、漢民族と婚姻するような風潮が生じていたことに注目する必要がある。

●北魏の都、平城の西郊にある雲崗石窟　北魏四代高宗文成帝のときから開鑿が始まった。左下は第一八窟石仏。

●龍門石窟　北魏は六代高祖孝文帝の時代に洛陽に遷都し、その郊外に龍門石窟を開鑿した。

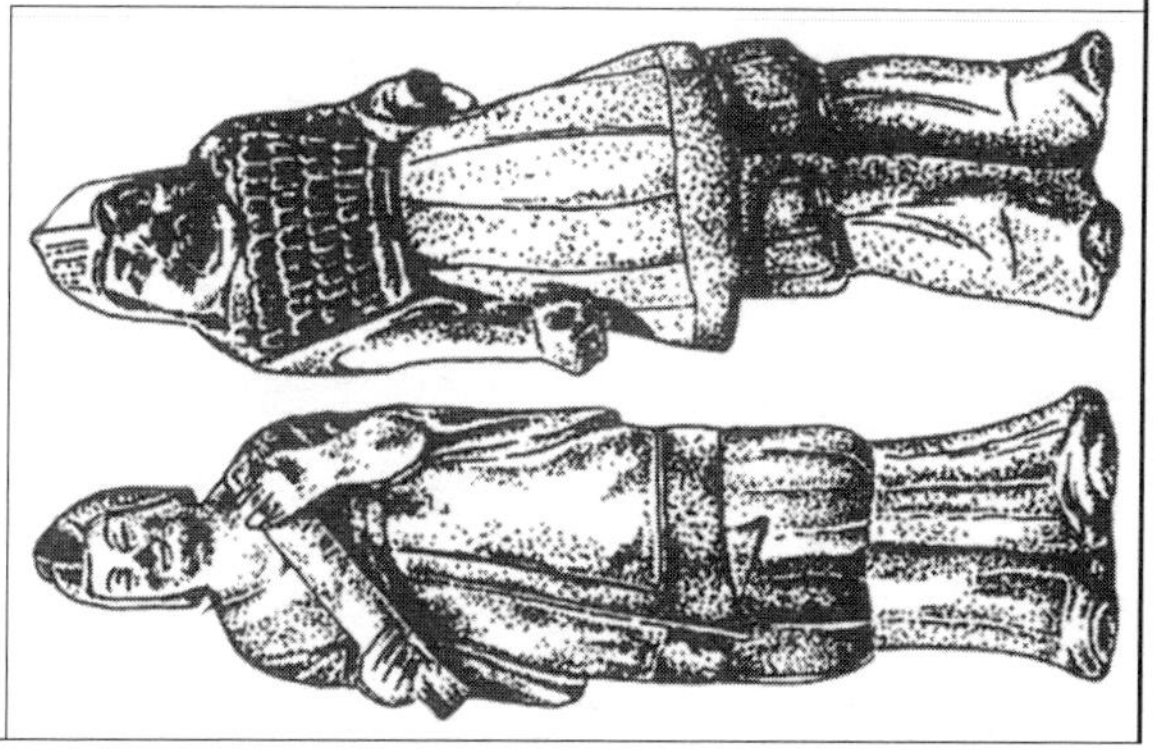

●胡服　右は鎧と冑をつけた北魏の兵士俑、左は褲褶（こしゅう）と縛褲（ばくこ）をはいた北朝の男子俑。

北魏は、極めて図式的に述べれば、当初の遊牧経済的国家から、孝文帝のころになると広大な漢地をその支配下におさめたことによって、農耕経済に軸足を移した統一王朝を志向する国家へと質的に変貌していた。したがって孝文帝による改革時の北魏のおかれていた政治的社会的状況は、一官僚制度、一宗教儀礼を改変するといった程度の対症療法的な施策をもってしてはいかんともなしえない問題をはらんでいたのである。

孝文帝はその改革のただなかにおいて、それまでの北魏の都であった平城を棄て、中国歴代の王都、中原の中心たる洛陽への遷都を断行しているが、遷都が改革と連動しておこなわれたというそのこと自体が、当時の北魏がかかえていた問題の深刻さを物語っている。孝文帝の改革がたんなる制度の改変、一北魏王朝の改革にとどまらない魏晋南北朝時代における一つの分水嶺的な一大改革であったことを象徴している。

以上、北魏という非漢民族国家が中国を支配するにあたって、当初、どのような構造をもっていたか、そしてそうした構造をもって漢地に支配者として臨んだ場合、どのような問題が生じていたのか、その問題を北魏がどのように克

▼**耶律阿保機**（在位九一六〜九二六）契丹（遼）の創設者。契丹族の迭剌（てつら）部の出身。「阿保機」には略奪者の意味があり、おびただしい戦利獲得品をもたらしたことによってつけられた美称であるとする説もある。

▼**燕雲十六州の地**　五代の後晋は、九三七年、建国の際に援助を受けた代償として、河北省の万里の長城以南の地（幽州、薊州など一二州）と、山西省の大同を中心とした地域（雲州、朔州などの四州）とを遼に割譲した。

服しようとしていたか、について概述した。

契丹の興起と民族意識

さて、鮮卑拓跋部が興隆し、中国に北魏を建国する四世紀、東モンゴルのシラ・ムレン流域に、史書が北魏と同じく鮮卑族からでたと伝える契丹族が姿をみせる。しかし、この勢力が巨大化してくるのは、北魏を母胎として中国再統一を実現した唐の支配がようやく衰える九世紀を待たねばならなかった。

十世紀の初め、契丹族のリーダー太祖耶律阿保機(やりつあぼき)▲は契丹族を統合し、年号を立て、皇帝と称した(九一六年)。太祖阿保機の死後、第二代の太宗耶律徳光はしばしば華北に侵入して九三六年、燕雲(えんうん)十六州の地▲を奪取し、国号を大遼と号した。さらに第六代聖宗耶律隆緒(りゅうちょ)は南に宋を攻め、一〇〇四年ついに宋とのあいだで、宋に対し優位に立つ澶淵(せんえん)の盟▲を結ぶことに成功する。以後遼は宋からの歳幣によって豊かとなり、聖宗、興宗、道宗の三代のおよそ一〇〇年間、国力のもっとも充実した時代をむかえるのである。

遼についてまず注目すべきはその民族的自意識の強さであろう。それは突厥

燕雲十六州

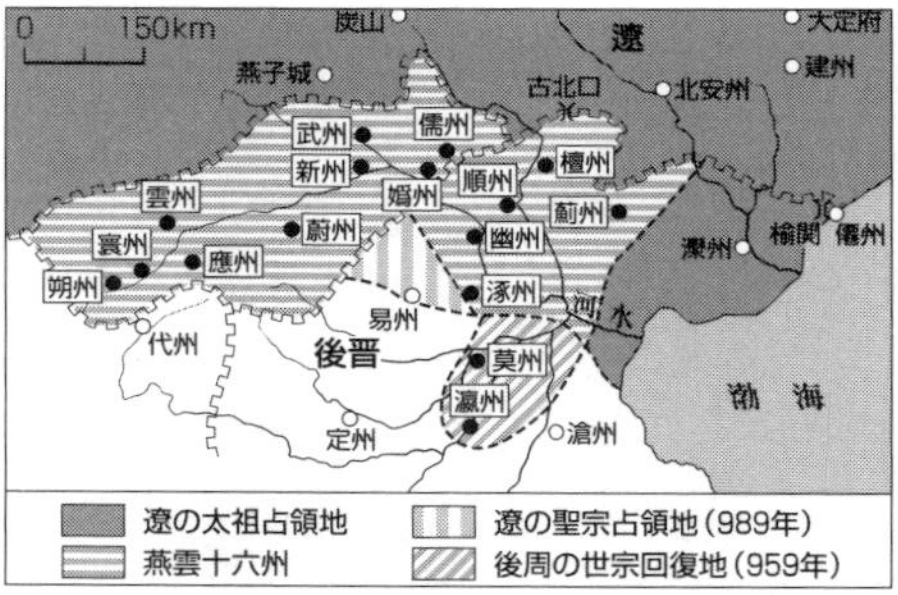
0　150km
大定府
建州
遼
北安州
古北口
燕子城
庚山
檀州
儒州
武州
新州
順州
薊州
嬀州
雲州
蔚州
幽州
寰州
應州
涿州
朔州
易州
代州
後晋
莫州
瀛州
定州
滄州
灤州
楡関
儒州
河
水
渤海
遼の太祖占領地
燕雲十六州
遼の聖宗占領地(989年)
後周の世宗回復地(959年)

▼**澶淵の盟**　一〇〇四年、宋と遼のあいだに結ばれた和平条約。これによって両国の戦争状態に終止符が打たれ、十二世紀初め遼の滅亡まで平和が続いた。貿易をつうじて遼は中国の経済と文化の恩恵に浴する一方、宋は北方の危惧を除くことができた。

▼**鄂博**　蒙古、チベットなどにみられる一種の建造物。石などを積んでつくる。山上、湖辺、境界につくられる。シャーマンが選定した場所に神霊の憑依するところとしてつくられ、四面に織物の切れ端を吊るし、木の枝、肉片、幣などを捧げる。

オボ

文字の創始を嚆矢（こうし）とする、唐代以降における周辺諸民族による民族独自の文字の作製の流れにそう契丹文字の創案などに端的にあらわれているが、そうした意識は遼の政治・社会・文化のなかにさまざまなかたちであらわれてきている。

例えば、遼では春と秋に、木葉山（もくようざん）という山で白馬、青牛を用いて天地の神を祀る祭山儀と呼ばれた国家最重の祭祀をおこなっている。これは皇帝、皇后以下群官が参加する契丹族の民族祭ともいうべき祭祀であった。匈奴にも龍城（りゅうじょう）の会という、これとよく似た天地の神を祀る祭があった。また、さきに述べたように鮮卑にも西郊祭天の儀礼があったが、これも匈奴の龍城の会と同様の意味をもつ祭祀であった。

つまり、遼のこの祭山儀はこうした北アジアにおけるシャーマニズムの伝統に根ざした祭祀であり、現在のモンゴル各地の山頂や水辺などにおいておこなわれる、塊石を積んで壇をつくり天地を祀る鄂博（オボ）▲の祭祀に連なる儀礼である。しかし、一方では遼代においては、遼の世が終わるまで南郊での祭天がおこなわれていない。すでにみたように南郊祭天は中国王朝における国家最重の儀礼であり、中国の歴代皇帝は都の南郊に祭壇を設け、そこで天を祀る儀礼をおこ

遼世系図

太祖(阿保機)①(916–926)
- 太宗(徳光)②(926–947)
  - 穆宗④(951–969)
- 倍(東丹王)
  - 世宗③(947–951)
    - 景宗⑤(969–982)
      - 聖宗⑥(982–1031)
        - 興宗⑦(1031–55)
          - 道宗⑧(1055–1101)
            - 章懐太子
              - 天祚帝⑨(1101–25)

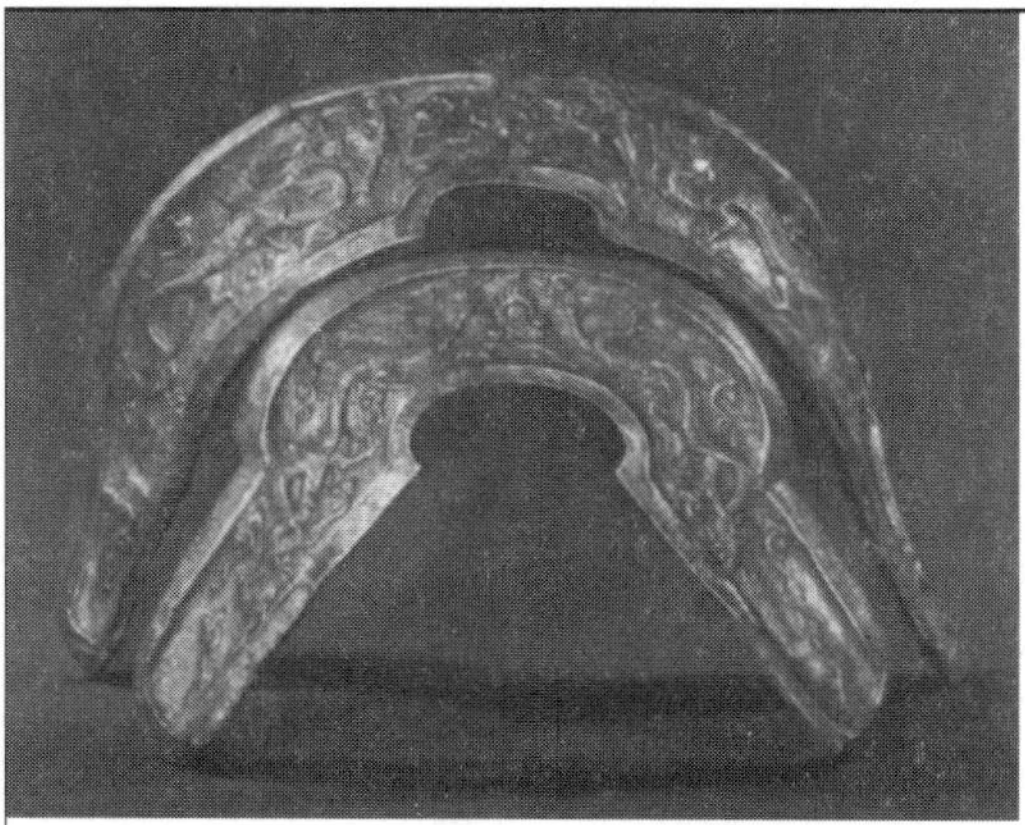

鍍金銀鞍金具　彫金、透かし彫りなどの技法でさまざまな文様をつくりだしている。契丹族が遊牧騎馬の民族であることをよく示してる遺物。内蒙古自治区博物館蔵。

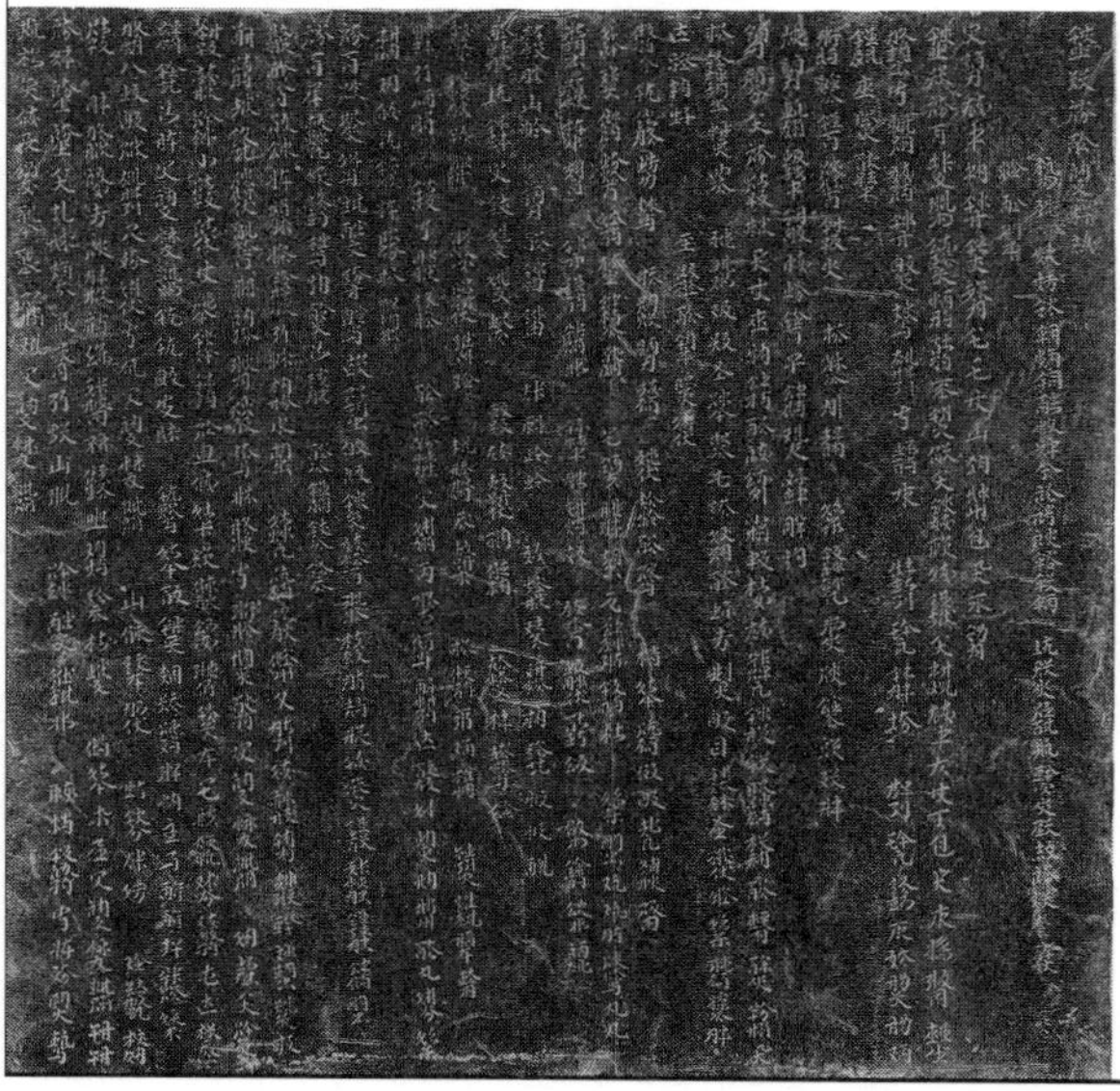

契丹文字、宣懿皇后哀冊　遼、乾統元(一一〇一)年

なうのを常とした。北魏の時代においては西郊祭天と併行して南郊祭天もまた当初よりおこなわれている。この点は、遼が北魏などに比べ、中国的文化に対する対抗意識を強くもっていたことを示している。

契丹の部族制と国家構造

契丹には、聖山たる木葉山で白馬に乗った神人と青い馬に乗った天女とが出会い八人の男子が生まれ、契丹族は彼らを始祖とする八部から始まっていったとする神話がある。この神話は、契丹社会における部族制を反映して生み出されたものであるが、遼の開祖である太祖耶律阿保機は建国当初、そのような血縁的部族・氏族制度に軍事組織的性格を付与し、二〇部からなる組織を編成した。

しかし、改編後もそれまでの部族・氏族的制度の伝統は、遼が滅ぶときまで継続する。それは先述の二〇部などの部制に組み込まれた遊牧民のほかに、皇帝や皇后などの斡魯朶(オルド)▲に所属して、平時には皇族の護衛に従事し、有事には国軍の一部となって出動する任務をおびた人びとや、この斡魯朶から析出された

▼**斡魯朶** トルコ・モンゴル系の遊牧民の君主の帳幕のこと。オルダともいわれた。具体的には帳幕に付属する婦女子、家畜などすべての動産を含めた君主の財産の一そろえをいう。転じて、宮廷、本営、後宮の意味にも使われる。

着帳戸(ちゃくちょうこ)と呼ばれる、皇帝以下の宮廷に分属して皇族の身辺の奉仕に準じた世襲の家柄の人びとの存在、あるいはそうした組織の存在に象徴的にあらわれている。

また、契丹族の社会は、遼建国以前において、耶律・審密(しんみつ)という二つの「姓」をもつ集団から構成された部族連合社会であった。こうした構造は太祖の二〇部などにみるように、本質的にあるいは形式上も大きな変容を生じているが、遼の建国後も存続している。遼朝の官制にみられる契丹族を中心に任用された世襲制にもとづく北面官制▲の存在はその一端を示すものである。このような状況下においては一君万民的皇帝権力の確立は極めて困難なものとなるのである。

十世紀の初め、太祖耶律阿保機は多くの漢人を集め、その協力をえて、既存の部族的勢力に取って代わる新勢力を形成し、それまでの君長位の選挙交替制を打破して神冊(じんさく)という年号を立て皇帝と称した(九一六年)。年号の創始、皇帝号の採用は、耶律阿保機が中国的王朝国家の建設を企図していたことを示しているが、一方で、彼はそれに先だつ九〇七年にはまた契丹族の伝統にのっとり

▼**北面官制**　遼では、軍政全般と遊牧民の民政をつかさどる北枢密院以下の北面官と農耕民の民政にあたる南枢密院以下の南面官が設けられた。北枢密院の管轄は契丹族をはじめとする奚(けい)、室韋(しつい)などの遊牧民族におよんだ。

遼の二重統治

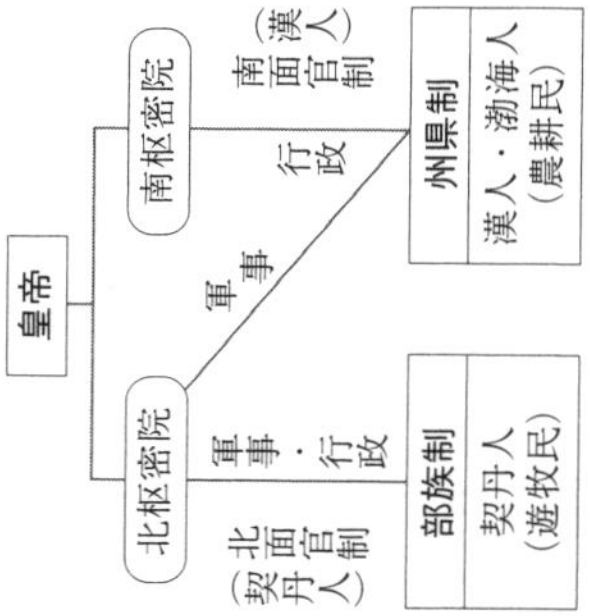
皇帝
南枢密院
南面官制
(漢人)
行政
軍事
州県制
漢人・渤海人
(農耕民)
北枢密院
軍事・行政
北面官制
(契丹人)
部族制
契丹人
(遊牧民)

君長位につくということをおこなってもいる。

　このことは、彼が契丹族に対してはその部族連合国家の長として臨んだことを示しており、これを阿保機の側からみれば、その権力が諸部族勢力からの制限を受け、十全な展開が妨げられていたことを意味していた。であればこそ阿保機は建国当初、契丹族を中心とした旧勢力とは別に、新たにその傘下にはいった漢人の協力をえて皇帝と称するようになったのである。

　ここには遼の皇帝権力がその当初から部族制の伝統に支えられた面と、漢人を中心とした新たに参画してくる勢力を梃子(てこ)としてその権力を拡大しようとする面の、二面性をもっていたことを示している。こうした二面性の存在が、聖宗のときに漢地、漢人の統治のために官制をはじめとして中国的制度が多く取り入れられた際、その路線を支持する勢力と旧来の路線を保持しようとする勢力とのあいだに対立が生じ、興宗・道宗の代にこの両派の確執と宗室内部の勢力争いが結びついて、しばしば反乱が引き起こされた根本的原因ということができるのである。

　じつは、同様の現象は北魏の時代にも生じていた。北魏は漢地にその支配領域を拡大するのにともなって、大量な漢人をその傘下に吸収するようになる。皇帝はその漢人の採用をとおして帝権の拡充を企図するが、それは部族勢力を中心とする旧勢力の反抗を生む。

そのような観点から北魏の歴史をみるとき、太祖道武帝の急死後の部族勢力の反攻、世祖太武帝時代の漢人出身の名臣の寵用をめぐっての皇帝と鮮卑高官層とのあいだの思惑の相違（崔浩の誅殺）▲、孝文帝改革時における鮮卑族の反乱▲等々の底流に、帝権強化のために中国化をめざす勢力と守旧の立場をとる鮮卑部族勢力とのあいだの暗闘をみることができるのである。

仏教の盛行と契丹文字の創成

現在の大同の雲崗や洛陽の龍門などに残る壮麗な石窟寺院などからも明らかなように、北魏の時代には仏教が上は皇帝から下は一般民衆にいたるまで、広くまた熱狂的に信仰された。そうした盛行が生じた理由としては、魏晋時代以来の信仰の拡大、打ち続く戦乱、同様に仏教が信仰された漢人王朝南朝との対抗意識、シャーマニズム的信仰をその精神世界の基底にもつ鮮卑族などの胡族

▼**崔浩の誅殺**　崔浩は華北の漢人名族。太武帝の政治顧問をつとめて、華北統一戦争をことごとく成功に導いた。しかし漢族社会の貴族制を性急に導入しようとしたことなどが鮮卑の反感をまねき、部下や親戚ともども誅された。

▼**鮮卑族の反乱**　四九六年の孝文帝の改革に反対する人びとによって引き起こされた反乱。反乱の首謀者は王族や鮮卑の諸族であり、時の皇太子もそれに連なっていた。ただ、乱自体は大事にいたる前に沈静化され、皇太子も廃位させられた。

遼代菩薩像（華厳寺）

房山石経洞（第五洞雷音洞）

にとって法悦の境地を説く仏教が受け入れられやすかったことなど、さまざまな要因をあげることができる。

しかし、そのなかのもっとも主要な要因の一つとして、仏教が中国の大地から生まれたものではなく、異国のインドにおいて生まれたものであり、その意味で仏教が非漢民族たる鮮卑などの五胡諸族にとって違和感のない宗教であったことがあげられる。

つまり、国家さえもが仏教を厚く庇護し、厖大な費用を必要とする石窟寺院を建設することなどをつうじてその拡大をはかった背景には、胡漢両勢力によって共通してあつく信仰される仏教をいわば護国の宗教として尊崇することが、非和解的民族集団をかかえこんだ多民族国家北魏にとって統治上、極めて有効であったという要因が存在したのである。

周知のように、遼においても今日に残る仏教建築や美術品に明らかなように、仏教が極めてあつく尊崇された。とりわけ仏典のすべてを石に刻んだ厖大な量にのぼる房山石経の存在は、遼においていかにあつく仏教が信仰され庇護されていたかを端的に示している。南の宋と対抗し、国家的威信の向上のためそうした施策を採用したという面もたしかにあるが、万民平等の教義をもつ普遍宗教としての仏教の採用が、非和解的民族集団をかかえこんだ多民族王朝遼にとっても、北魏の場合と同様極めて有効であったと考えられるのである。

このように遼の体制と北魏の体制は、時代こそ異なるが極めて類似した相貌を呈している。もちろん、両者のあいだに相違がないわけではない。遼ではさきにみた祭山儀などに北魏の場合と比較すると、より強固な民族意識の存在がうかがわれる。また、契丹文字の創成も北魏の場合との大きな差異ということができる。契丹語は蒙古語の古形をとどめる言語といわれ、契丹は遼建国の初めそれを表記するための文字を漢字を参考としてつくった。契丹文字には大字と小字の別があり、大字は太祖阿保機によって、小字はその子耶律迭剌(てつら)によってつくられた。近年契丹文字を刻した碑文が多く出土したため、史料が豊富となってその解読がかなり進展してきている。

こうした文字の創成は、中国「周辺」民族の民族としての覚醒の過程において出現したものであり、契丹文字は突厥文字、ウイグル文字、日本における仮名文字についで出現したものである。また、契丹文字は、その後の西夏文字、

●女真文字（女真進士題名碑部分）

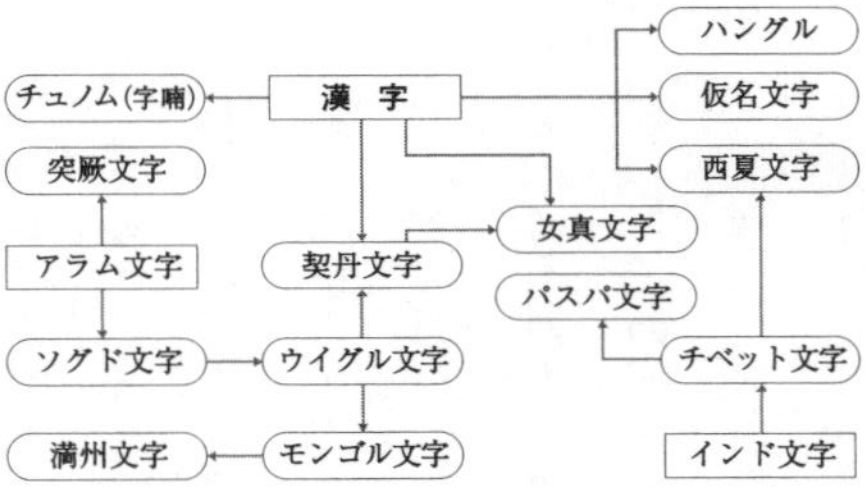
漢　字
チュノム（字喃）
突厥文字
アラム文字
ソグド文字
満州文字
契丹文字
ウイグル文字
モンゴル文字
女真文字
パスパ文字
ハングル
仮名文字
西夏文字
チベット文字
インド文字
●諸民族の文字と漢字との関連図

●突厥文字（ビルゲ＝カガン碑文）

●西夏文字と漢字の対照字書（蕃漢合時掌中珠の一部）

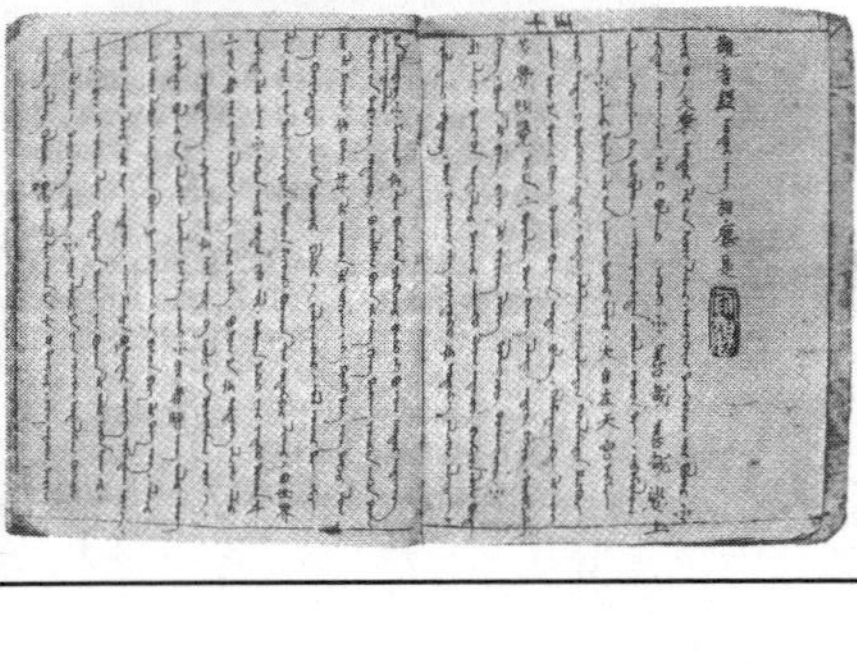
●ウイグル文字（敦煌千仏洞出土の観音経）

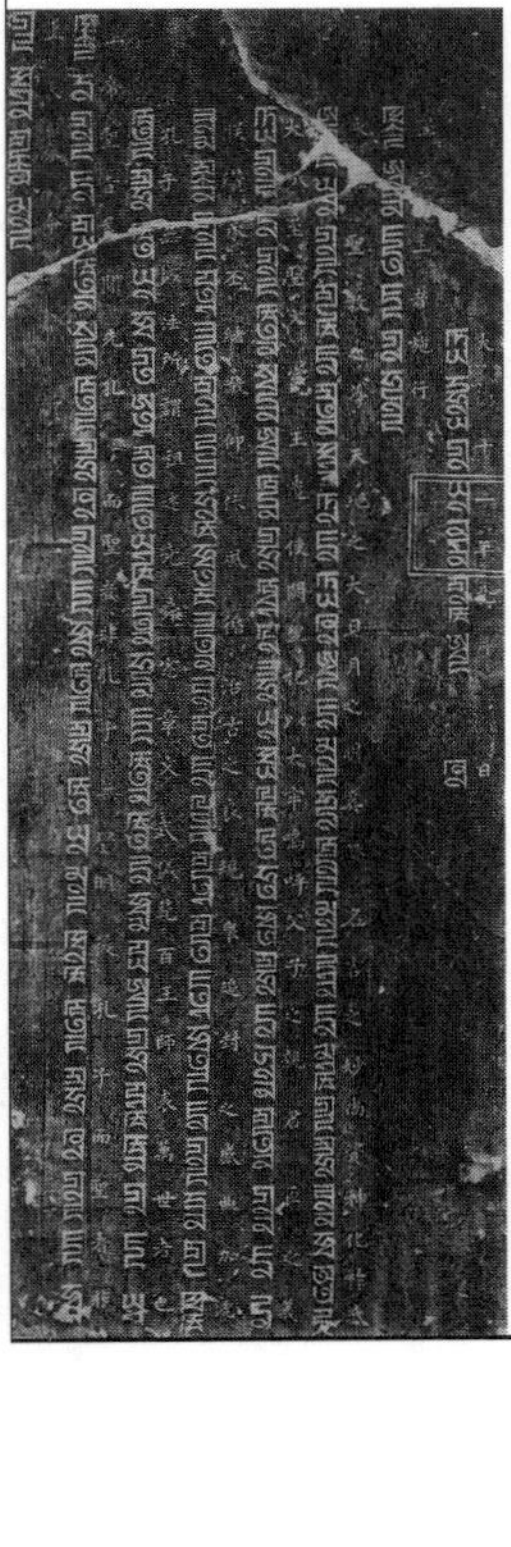
●パスパ文字（加封孔子制詔碑）

巴思巴(パスパ)文字、とりわけ女真文字の成立にも大きな影響をおよぼしたといわれている。

ただし、北魏にも文字があった可能性はある。現存する隋代の図書目録によると、当時、『国語』『鮮卑語』『国語物名』『国語真歌』『国語雑物名』『国語雑文』『鮮卑号令』『雑号令』『国語孝経』などの書が存在していた。目録の説明によれば、国語とは鮮卑語のことを自らの言語ということで鮮卑族がそう呼んだことがわかるが、それがいかなるかたちで表記されていたのかということを考えると、鮮卑も文字をもっていた可能性が生じる。

また、当時の史書によると五世紀の初頭に千余の新たな文字がつくられたという。この文字が鮮卑の文字であるとすれば、中国周辺民族による文字の創出は、その嚆矢とされる八世紀前半の突厥文字をさらに三〇〇年ほど遡ることになる。ただ、私はいまのところ鮮卑の文字は漢字の音にもとづく万葉仮名のようなものであって、同じく漢字を参考にしたとはいいながらも、契丹文字のような表音字形を新たにつくり作字するといったような段階のものではなかったと考えている。

また、右にあげた『国語孝経』についての史書の説明には、鮮卑族が五世紀の後半、中国語につうじていなかったので、皇帝は鮮卑の言葉で中国儒教の聖典である『孝経』の要旨を翻訳させて鮮卑族に教えた、とある。つまり『国語孝経』の作成は、鮮卑の文化を子孫に伝承するためにおこなわれたのではなく、中国文明の中核ともいうべき家族道徳としての「孝道」を教授するためにおこなわれたことがわかる。

これは、古代の日本が仮名文字を創出する以前に、中国語(漢文)で『日本書紀』という自国の歴史書を編纂したことや、契丹族が独自の文字をつくったこと、中国的郊祀を排し民族固有の祭山儀に固執したことなどと比較すると、民族意識の深まりという点でかなりの差があるといえるであろう。

②—モンゴル族の国家

モンゴル帝国の興起

元を建国したモンゴル族の始源は、唐の時代、現在の中国東北部のフルン・ブイル地方▲にいた蒙兀（もうこつ）にあると考えられる。やがてこの部族はオノン、ケルレン両河▲の流域に移住し、チンギス・ハンを生む。彼は一二〇六年、モンゴルを統一し、さらに域外に向かって大遠征をおこない、フワーリズム▲や西夏▲を討った。

彼の王国は彼の死後も拡大し、ユーラシアにまたがる大帝国となるが、チンギス・ハンの孫であるフビライのときにいたって、元朝、キプチャク・ハン国、チャガタイ・ハン国、イル・ハン国に分裂した。フビライの創始した元朝は、中国の大都に都を定め、それまでの中国史上においていかなる非漢族王朝もなしえなかった中国江南の攻略に成功し、中国全土を統治下におく征服王朝として中国に君臨した。

モンゴル部族はその草創期において、近隣諸部族との激しい抗争をつうじて

▼フルン・ブイル地方　中国の内モンゴル自治区北東部、フルン、ブイルという両塩湖のあるところ。ホロンバイルとも呼ばれる。モンゴル高原の東端にあたる。日本と旧ソ連間の軍事衝突が生じたノモンハンはここにある。

▼オノン、ケルレン両河　モンゴル高原北東部を流れる川。いずれもケンテイ山脈に発す。それぞれ長さは一〇三二キロ、一二六四キロ。流域はモンゴルのもっとも肥沃な地域であり、この川沿いの交通路は北モンゴル中央部を華北、東北方面に結びつける一幹線となってきた。

▼フワーリズム（一〇七七～一二三一年）　アム・ダリヤ下流域のホラズム地方を中心とした王朝。十三世紀初めが最盛期で、版図はフェルガナからマクラーンにまで達した。交通路の要衝を占め交易によって繁栄したが、モンゴルの侵入を受け一二三一年に滅亡した。

▼西夏　十一～十三世紀にかけてタングート族が築いた国家。中国の西北部、寧夏、甘粛、オルドス、陝

西の諸地域を領有した。そのリーダー李元昊(りげんこう)は興慶府を都とし、国号を大夏と定めた。宋の北西にあたるため、宋では西夏といった。

モンゴル・元世系図

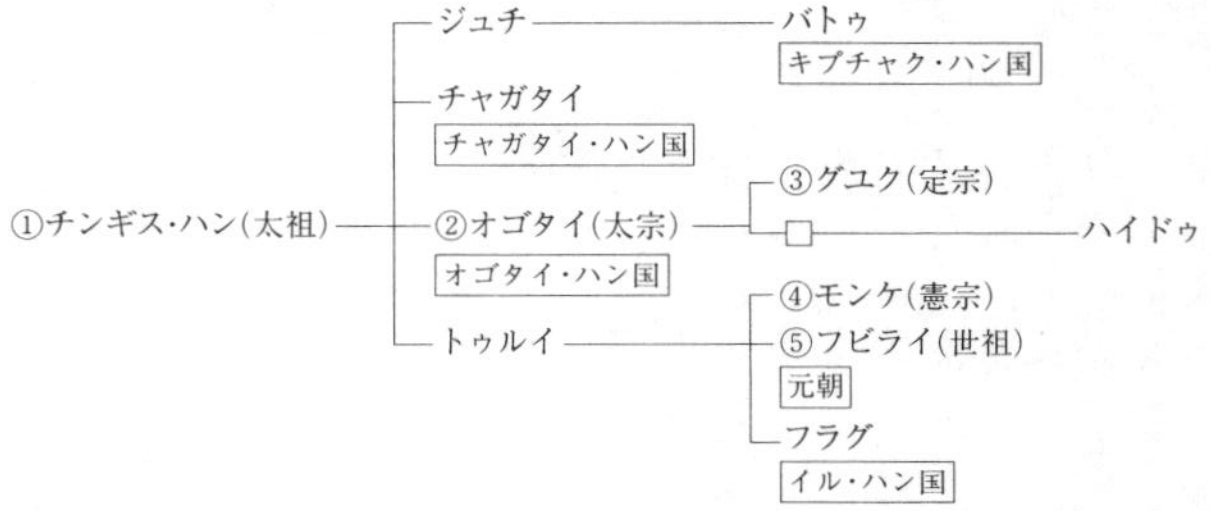
①チンギス・ハン(太祖)
ジュチ
バトゥ
キプチャク・ハン国
チャガタイ
チャガタイ・ハン国
②オゴタイ(太宗)
オゴタイ・ハン国
③グユク(定宗)
ハイドゥ
トゥルイ
④モンケ(憲宗)
⑤フビライ(世祖)
元朝
フラグ
イル・ハン国

隷属部族をその傘下に組み込んだ部族連合部族として成長し、そのなかで多くの隷属民を従えたキャンやタイチュートがモンゴル部族のなかでもっともその勢力を誇るようになっていった。

キャン氏族の出であるテムジン(のちのチンギス・ハン)は同族たるキャン氏族を統合し、敵対するタイチュートを破り、さらにはケレイト、ナイマンなどの部族をも征服して全モンゴルを統一するわけであるが、そうしてできあがった王国はそれまでの部族連合国家とは、その性格を異にしていた。彼の王国はチンギス・ハン個人の卓越した権力のもとに統合された専制国家としての性格をもっており、旧部族、旧氏族の君長や酋帥(しゅうすい)たちはそうした彼に忠誠を誓い服属してきた戦士という性格を強くおびていた。

チンギス・ハンは彼らを千戸長(せんこちょう)、百戸長(ひゃくこちょう)に任じて王国の千戸(ミンガン)、百戸(ジャングン)の長に任ずるとともにその管区から徴兵された戦士の長となした。モンゴル統一当初のチンギス・ハンの国にはこうした千戸の管区が九五あり、それを支配管理する千戸長は八八人を数えたという。そしてこれら千戸・百戸長たちはノヤンと呼ばれ、その地位を世襲する支配層を形成し、チンギス・ハンとのあいだに強い主従の関係が結ばれたのである。

この際注目すべきは、ノヤンがチンギス・ハンへの忠誠のあかしとして自己の子弟をハンの親衛隊に奉仕させる義務を負っていたことである。この親衛隊はケシクと呼ばれ最精鋭を誇る皇帝の直属軍であった。ただし、このケシクの役割は軍事的側面にだけあったのではない。

モンゴルの親衛隊ケシク

元の歴史を記した史書に『元史』▲があるが、その書物の親衛軍について記した箇所に、

元の国家の制では、およそ禁近の臣は、服御（皇帝の服装や身の回りのこと）、弓矢、飲食、文史（文書処理にかかわること）、車馬、廬帳（ろちょう）（テント）、医薬、卜祝（占い）のことを分かって、みな代々これをつかさどる。才能をみこまれて別の任務を命ぜられ、その場を離れ赴任するということがあったとしても、あるいは身分が高くとも、内廷に帰ってくれば、右で述べたような皇帝の身の回りの世話をするのはもとのままである。

▼**『元史』**　中国元代についての紀伝体歴史書、正史の一つ。元史研究の基本文献。二一〇巻。宋濂らの編。明朝成立ののちほどなく、一三七〇（洪武三）年に完成。短期間に編纂されたので疎漏が多いが、逆に原史料に忠実な面もある。

モンゴル帝国版図

ノブゴロド公国
オゴタイ・ハン国
モスクワ
キプチャク・ハン国
ポーランド
ワールシュタット
ハンガリー
ブルガリア
黒海
カスピ海
地中海
グラナダ
キルギス
ブルカン山
カラコルム
エミール
元
上都
大都
女真
開城
高麗
大宰府
京都
鎌倉
日本
(鎌倉時代)
流求
チャガタイ・ハン国
サマルカンド
ホータン
ウイグル
吐蕃
(チベット)
イル・ハン国
バグダード
カシミール
デリー
エジプト
(マムルーク朝)
デリー・スルタン朝
スコータイ
アンコール朝
陳朝（大越）
占城
マラッカ
シュリーヴィジャヤ
モンゴル帝国の最大領土
(14世紀初め)

とする記述がみえる。よってケシクはたんに軍事的な役割をはたすだけではなく、むしろ皇帝の身の回りの世話や警護に任じることを本務としており、その延長において地方に出向いての監察、あるいは中央の要職をおびるといったことに任じていたことがわかる。

これを北魏の場合と比較すると興味深い類似がみられる。北魏と抗争関係にあった漢族王朝に南斉▲という国があったが、その王朝の歴史を記した『南斉書』という史書に、北魏について記したところがあり、そこに、

役所で文書をあつかう文書の吏を比徳真(ひとくしん)といい、衣服をかつぐ人を樸大真(ぼくだいしん)という。兵器をおびた人を胡洛真(こらくしん)といい、通訳を乞万真(こつばんしん)という。

といった記述がある。白鳥庫吉(しらとりくらきち)▲は、ここにみえる「真」について、

「真」は、蒙古語及びトルコ語のチ(či 或いは ǯi)を音写したものであり、事物を司り或いはこれを行うものを言い表さんとするとき用いた。(「東胡民族考」『白鳥庫吉全集』第四巻)

という。また、白鳥は右でみた『南斉書』にみえる「比徳真」以下の拓跋(たくばつ)語を種々検討し、例えば、「比徳真」は、『元史』に「必闍赤とは中国の文史を典る

▼**南斉**(四七九〜五〇二年)　中国の南朝四王朝の一つ。晋陵武進(江蘇省常州)に僑置された南蘭陵蘭陵の人、蕭道成(しょうどうせい)が立てた国。北朝の北魏との交戦によって疲弊し、蕭衍(しょうえん、梁の武帝)によって滅ぼされた。

▼**白鳥庫吉**(一八六五〜一九四二)　東洋史学者。専攻分野は、主として朝鮮、満州(中国東北地方)、モンゴル、中央アジアおよびオリエント、中国の歴史・文化にあり、日本古代史にも造詣が深かった。その論著は『白鳥庫吉全集』一〇巻(一九七〇・七一年)に収録されている。

もののことである」とみえるビチクチ(bitikči)の音訳であり、胡洛真とは、『成吉汗実録』に「箭筒士とは蒙古語でコルチといい、中国語で訳せば弓矢を帯びるものをいう。元史ではホルチといい、塔察児の伝記に、ホルチとはゆみぶくろを佩び、左右に侍るものである」とあるコルチ(khoruči)の音訳であるなどの見解を示している。

さきに北魏の内朝という皇帝の間近に仕える侍臣集団の組織について述べた。北魏にはその建国当初から「内朝」と呼ばれる組織が存在していた。その際、それがほとんどすべて鮮卑系の人びとによって占められており、軍事や行政に従事し、皇帝のそばにあって皇帝の食事、衣服の世話、禁中の警護などの諸事にたずさわり、皇帝の名のもとさまざまな部署に派遣され、軍を率いて各地に転戦した。さらには、皇帝の命令の起草、伝達、記録などにたずさわりながら、皇帝の名のもとさまざまな部署・地方に派遣され、監察を主とした任務に従事していたことなどを指摘した。

また、この組織が、鮮卑拓跋部が中国にはいる前の部族連合国家の段階において、その配下部族のリーダーの子弟を拓跋部の王の人質として差し出させ、

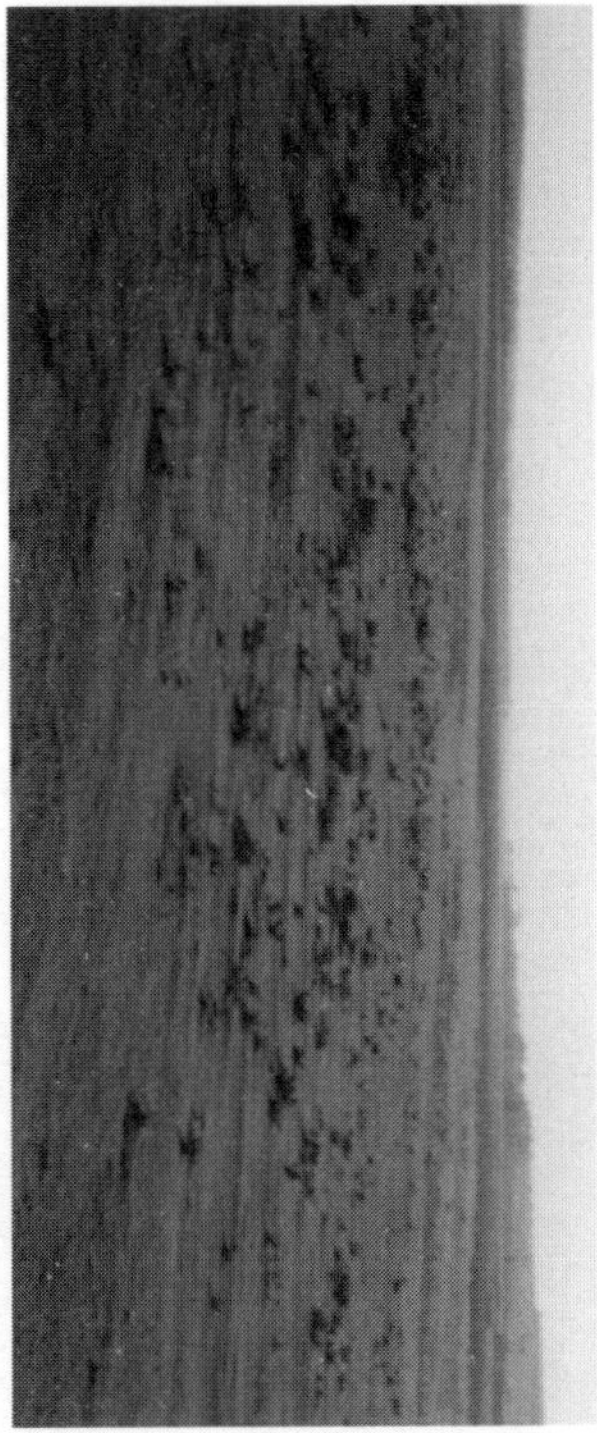

大同南郊の風景　鮮卑が定住したところ。

その側近官に任じたところに発していることをも指摘しておいた。

　この北魏における内朝と元朝におけるケシクにみる類似はたんなる偶然の一致とは考えられない。なぜならその職分・起源などの類似などもさることながら、コルチ、ビチクチなど、実際の役職の呼称さえ一致しているからである。

モンゴルの部族制

　北魏は太祖道武帝のとき、著名な部族解散という改革をおこなっている。この改革は北魏が諸部族連合国家の段階にあった北魏当初の時代、諸対抗勢力の討伐をなしとげた太祖拓跋珪(けい)が、自己の統属下にあった、あるいは自己の統属下にはいった諸部族に対して、都周辺の一定区域内に定住することを命じ、さらにそうした諸部族構成員に対する統率権を諸部族の君長や酋帥から奪い、彼らに爵位や官職を与えることによって、北魏帝権の強化とそれを支える新たな支配者層を形成しようとする施策であった。その結果、それまでの部族構成員は八部、あるいは八国と称せられる組織へと編成されたが、この改革もチンギス・ハンによる千戸・百戸体制やノヤンの創出と一脈通ずるところがあるといえる。

また、さきに遼の国制について述べた際、白馬に乗った神人と青い馬に乗った天女とのあいだに生まれた八人から始まったとする神話をもち、部族制の社会のなかにあった契丹（きったん）族を統合した、遼の太祖耶律阿保機（やりつあぼき）が、建国当初そうした部族制に軍事組織的性格を付与し、二〇部からなる組織に改編したことを述べた。ここにも北方民族が中国との接触を深める過程でとる一定の共通性を読み取ることができるであろう。

また、さきに遼代にはこうした改編後にあっても、それまでの部族・氏族的制度の伝統が遼の滅亡時まで大きな影響をおよぼしたことを指摘しておいた。北魏にあってもそうした部族・氏族的制度の伝統は根強いものがあり、さまざまな影響を後世におよぼすが、元の場合も同様の問題の存在を見出すことができる。いまこの点について少しくみてみよう。

モンゴルにはウルスという言葉がある。これは遊牧民の世界において国家に相当する用語であるが、領土そのものには主点がおかれておらず、遊牧民の集団に基本がおかれているところに農耕民における国家と異なる点がある。モン

モンゴル高原

ゴルには人の集団一般に対する用語としてイルゲンという語も存在するが、ウルスはそれが政治的に組織づけられた場合の、その集団の勢力圏、遊牧圏を指す。中国の史書はこれを行国と呼んでいる。

遊牧民の世界では血縁関係、あるいは同祖信仰によって結合される氏族の形態が根強く保持されるが、時の経過とともにそこから別の氏族が派生したり、別の氏族が隷属するようにもなる。また、若干の氏族が連合してより高次の連合体を構成することもめずらしくはない。

チンギス・ハンはその晩年において急速に拡大した厖大な帝国を効果的に統治するため、彼の統率のもとおのおの半独立的傾向をもつウルスをつくり、それを自己の弟や子などに分封している。こうした分封は右で述べた部族制の伝統のもとにとられた施策であるが、同様の伝統から生じた現象がチンギス・ハンのつぎの太宗オゴタイ・ハン▲の時代にも生じている。

モンゴルにおける分民体制

モンゴル帝国はオゴタイ・ハンの代になってその漢地統治を本格化していく。

▼オゴタイ・ハン（在位一二二九〜四一）　モンゴル帝国の第二代皇帝。オゴタイ・ハン国の開祖。チンギス・ハンの第三子。前代以来未解決の征服事業の達成をめざし、フワーリズムを完全に滅ぼしてイランを平定し、一二三四年には親征して金朝を滅ぼした。

オゴタイの即位　ラシッド『集史』口絵より（パリ国立図書館）

モンゴル朝廷は、太宗八(一二三六)年七月、五年と七年に華北でおこなわれた戸口調査にもとづいて総計一八〇万余戸の漢人戸口を把握した。金の滅亡と漢人世侯▲をはじめとした割拠勢力の出現のなかで混乱と悲惨を極めた華北の安定のため、当時の宰相耶律楚材(やりつそざい)▲はこの戸籍を基礎として税制を確立し、内外の行政機構の整備などに努め、中国における伝統的地方支配の方式である州県制にもとづく地方政治の復活をめざした。

しかし、この戸籍調査を受理した太宗は把握された戸口の半分を割いて、これを一族功臣に対して分与した。耶律楚材はその結果生じる「裂土分民(土地と民を分割する)」の弊害を強調してこの施策に強く反対したが、その意見はついに受け入れられるところとならなかった。結局、この施策はこうして分与された民を国家と皇族や功臣からなる領主の二者に両属させ、国家の官僚たる州県官が領主の支配を代行するという折衷案でかろうじて妥協が成立する。つまり分与された民は、彼らに課税された絹を二戸あたり一斤(六〇〇グラム)の割で国家分として、五戸に一斤の割で領主分として徴収され、その徴収は州県官があたることとされた。この分民は以上の理由によって五戸絲戸(ごこしし)▲と称されるが、

▼漢人世侯　モンゴルの中国侵攻に際し、中国では多くの自警団が形成された。やがてそれらを率いるリーダーのなかでモンゴルに投降する者があらわれた。彼らはモンゴルから本領を安堵され、その管轄領域に軍民兼領の権勢をふるった。

▼耶律楚材　モンゴル朝初期の政治家。耶律阿保機の子孫。金・モンゴル朝に仕え、中国をモンゴル族の利益のために利用しようとする立場を批判し、中国固有の統治方式を守ろうとした。

▼五戸絲戸　五戸絲をおさめる戸。五戸絲とは諸王、功臣がその領地の人戸から絲料として取得した税のこと。実際は絲料を五戸につき二斤(はじめは一斤)の割合で戸数に応じて政府から諸王などに毎年支給された。

この折衷案によってモンゴル諸領主の領主権には一定の制約が加えられた。

　こうした分民は、これ以前にも存在し、またこれ以後にも規模こそ違えみられるが、その背景には、さきにみたチンギス・ハンの事例、あるいは遊牧民の世界にみられる、氏族の派生やほかの氏族への隷属、若干の氏族の連合にもとづく連合体の構成といった部族制の伝統が存在していると考えられる。北魏の中国侵入以前、安帝拓跋越(あんていたくばつえつ)の時代の拓跋部は九の部族に分かれていたが、献帝拓跋隣の時代になって、これを八つの集団に分け献帝の兄弟におのおのそれを分有させ、そこから拓跋部の中核たる八姓が生まれたと『魏書』は伝える。このような分民の動きは北魏建国以前の拓跋部の時代に何度かみられるが、北魏建国後にあっても生じている。北魏が建国当初、諸功臣二〇〇人あまりに対して封爵を分地というかたちで与えているのはその一つの現れと考えられる。

　北魏の封爵制▲は、孝文帝の時代になって大きな改革が加えられ、はじめて封地内の民戸数が国家によって把握され、その把握にもとづいて国家から税が有爵者に与えられるようになっている。この処置は戸口数を把握したうえで、その収税を州県官がおこない、そのうえで領主分を分与するという、さきの五戸

▼北魏の封爵制　北魏の封爵は孝文帝改革より前の時期にあっては、与えられた土地、およびそこに居住する民の領有と、爵位にもとづく官職取得を可能にする特権であった。改革によって国家の封邑に対する支配は強まり、官職取得の特権も廃止された。

元代の紙幣(交鈔)　元代には紙幣専用策がおこなわれたが、やがて銀の準備不足と濫発によって暴落し、経済界を混乱させた。

至元通行寶鈔
貳貫

絲戸の場合と極めて類似した動きを示している。

元朝による中国支配

モンゴル帝国の分裂によって生まれた元は、ほかの諸ハン国がそれぞれイラン、南ロシア、西トルキスタン、エミール平原（ジュンガリア）をそれぞれその基盤としたように、そのなかで最大の規模をもつ中国の土地と人口と物資をその国家存立の基盤としていた。それゆえ、そのような性格をもつ元朝が「中統」という年号を建て、「大元」という中国式国号を採用し、都を中国内の大都に移すなど、多くの面にわたって中国王朝化の動きを強めるのはある意味で当然であったといえる。官僚機構の整備、君主独裁を支える軍事・財政機関としての枢密院（すうみついん）、尚書省の設置、貨幣経済の普及に対応する通貨政策など、いずれも宋以後の中国王朝を特色づける路線が採用されたこともそうした流れのなかで生じた事柄である。

しかし、だからといってこれらのことは決して元が中国社会への同化を志向したことを意味しているわけではない。元はやはり本質的に異民族による征服

元代に使用されたパスポート　モンゴル帝国・元の駅を站赤（ジャムチ）といった。幹線道路にそって約一〇里ごとに駅を設け、図のような牌をもっている使節や功臣に、駅の周辺の住民から馬・食糧などを提供させた。

王朝であったといわざるをえない。元が蒙古国風の宣揚と保存に努め、モンゴル語、モンゴル文字の公用語化、朝廷と譜代の関係をもつ功臣・側近者の一族に官僚貴族の座を与える根脚（由緒）の重視、蒙古人・色目人・漢人・南人の区別▲にみられる種別的身分制の採用、民戸一般を軍戸・匠戸・站戸・打捕戸・鷹坊戸などに分類し特殊なかたちでの国家への奉仕を求める制度の設定、南郊祭天の廃止などの諸施策をとったことは、まぎれもなく元朝が異民族による中国支配の王朝、すなわち征服王朝であったことを示しているといえるであろう。

そうしたなかでもとりわけ科挙の廃止は注目される。科挙は隋の時代に始まった官僚登用法であり、唐をへて宋の時代にいたって完成した。家系、出身に関係なく、個人の才能・教養によって治者階級への進出が許されるというこの制度は、門閥貴族が中央・地方の官界を壟断した隋唐より前の社会のあり方を一変させるものであり、宋の時代にいたって科挙は、絶対君主のもとに万民は平等であるといった、中国人の国民性の一端を示す制度となったといえるまでに中国人のなかに定着していった。

個人の能力次第で官僚となる道が開かれることによって、厖大な数の人士が

▼蒙古人・色目人・漢人・南人の区別　中国元代に用いられた政治的身分をあらわす用語。元朝は治下の諸民族を蒙古人、色目人、漢人、南人の四つに区分し、この順位でそれぞれの身分、待遇に差等をつけた。色目人とは、もろもろの種類の人の意味でウイグル、ナイマン、タングート、ペルシア、アラブ、ヨーロッパなどの二十数種の諸民族を包含する。漢人とは、旧金国支配下の中国人と契丹、女真、高麗人を、南人とは、旧南宋領内の中国人をいう。

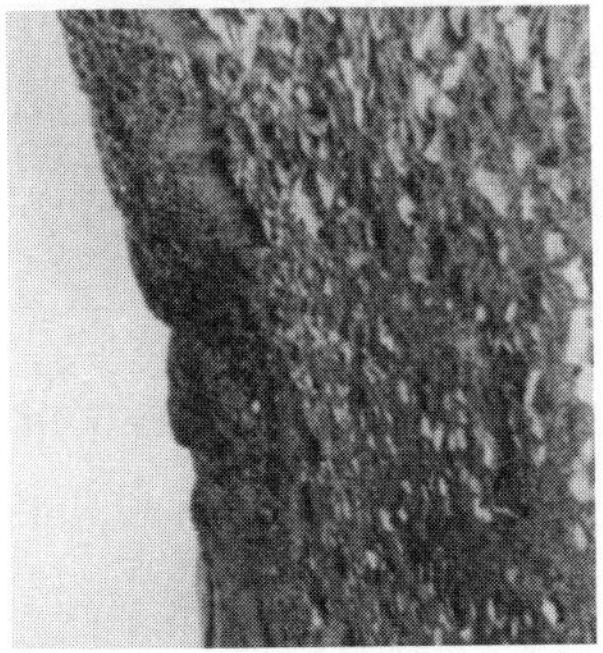
元上都遺跡（フビライの夏の都の城壁）

科挙を志望した。現実には一握りの少数者しか合格することはできなかったが、一度しか受験できないといった制度ではなく、幾度もの受験が可能であったがために官僚志望者は終生をかけてその合格をめざすようになる。結果、厖大な数の官僚予備軍が生み出されていった。そして官僚にまだなってはいない彼らも中国各地にあって社会の指導者としての役割を担うようになっていったのである。

元朝はそうした性格をもつ科挙を廃止したのである。儒教的教養のもと「身を修め(修身)、家を斉え(斉家)、国を治め(治国)、天下を平らかにする(平天下)」ことを人生の目的とする中国の知識人(士大夫)たちにとって、それはたえがたい施策であったといえるであろう。そこには、かつての南宋治下の南人を正官(高級官僚)から閉め出そうとする元朝の狙い、正官の総数は限られており、現実面からも政策上からも科挙出身の漢人・南人官僚を元朝が必要としなかったということなどが考えられる。

しかし、より巨視的な視座に立ったとき、朝廷と譜代の関係をもつ功臣・側近者の一族に官僚貴族の座を与える根脚制などを重視する非漢族国家としての

宋代の科挙試験場の図

江南貢院(江南の清代の科挙試験場) 試験はこのような個室にとじこもって連日おこなわれた。

元朝が、試験にもとづく科挙制度に興味をもたなかったということをあげることができるであろう。この点は中国文化にあい対する際、中国的郊祀（南郊祭天）を廃止し、祭山儀に執着した遼と同質のものを見出すことができ、北魏が孝文帝以降、急速に漢化の度合を強めていくのとは好対照をなすということができるであろう。

③―女真族の国家

女真族の興起

遼や元が生み出したモンゴル高原の東境には南北一五〇〇キロにおよぶ大興安嶺(こうあんれい)▲が横たわる。その東麓には現中国の東北地方、かつて満州と呼ばれた大平原地帯が存在する。

この大地は古来より言語的にツングース▲系に属する狩猟・牧畜を生業とする民族が活躍した舞台であり、古くは粛慎(しゅくしん)、挹婁(ゆうろう)、勿吉(ぶっきつ)、靺鞨(まっかつ)▲などと呼ばれる諸族が活躍したことを中国の史書は伝えており、なかには高句麗(こうくり)や渤海(ぼっかい)▲などのように強大な国家を建設するものもあらわれた。ただ、これらの諸族は基本的に万里の長城の線をこえて南下拡大することはなかった。

しかし、海東の盛国と称された渤海が遼によって滅亡させられたのち、その後身は女真(じょしん)(女直)という名のもとに結集を始め、やがてそのなかの完顔(ワンヤン)部が金を建国するにいたり、それまでとは違った様相が生じるようになる。

完顔部の阿骨打(アクダ)▲は遼の圧政を排除しつつ、ムクンと呼ばれる単位を基礎とす

▼興安嶺　内モンゴル北東部を北北東から南南西に走り、長さ約一五〇〇キロ、標高約一五〇〇メートル。

▼ツングース　ツングース諸語に属する言語を話す諸民族。今日、その大部分はロシア連邦のシベリアと極東地域に住み、少数が中国の東北部、新疆ウイグル自治区、内モンゴル自治区に居住する。

▼粛慎、挹婁、勿吉、靺鞨　粛慎は、中国の古典にみえる東北境外の民族。漢代の挹婁、南北朝期の勿吉、隋・唐期の靺鞨、宋以降の女真はその後裔とされる。

▼渤海　七世紀末から十世紀初めにかけて、現在の中国東北地方に存在した国家。始祖は大祚栄。高句麗人とも、その支配下にいた靺鞨人ともいわれる。住民も主に高句麗人と靺鞨人からなっていた。

▼完顔阿骨打(在位一一一五～二三)　金朝の初代皇帝、太祖。完顔部の出身、女真名は阿骨打、中国名は旻。祖先の事業を受け継いで全女真族を統一し、さらに遼を討って華北まで進出した。

金世系図

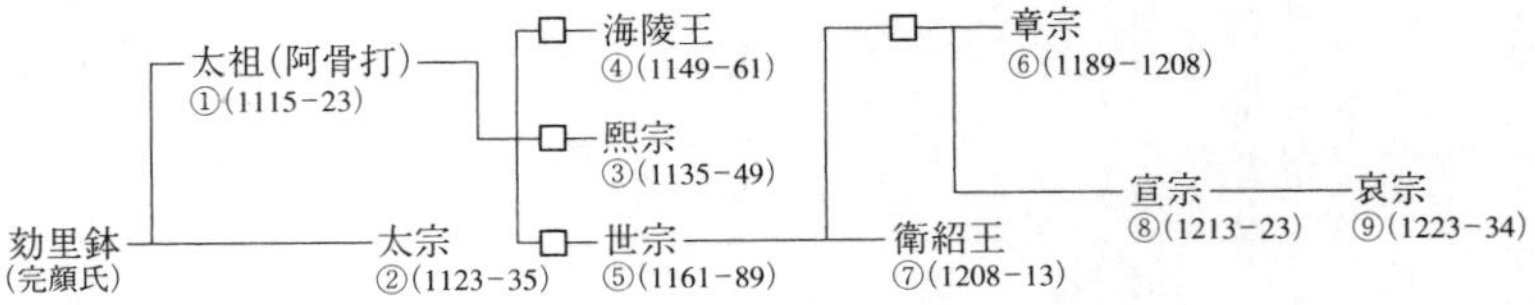
劾里鉢
(完顔氏)
太祖(阿骨打)
①(1115−23)
太宗
②(1123−35)
海陵王
④(1149−61)
熙宗
③(1135−49)
世宗
⑤(1161−89)
章宗
⑥(1189−1208)
衛紹王
⑦(1208−13)
宣宗
⑧(1213−23)
哀宗
⑨(1223−34)

る氏族制社会としての女真勢力を改編して、完顔部を中心とする支配力を強化し、会寧を首都とする金を建国し、女真文字を定め、外に向かってついに長年の宿敵たる遼を滅ぼすことに成功する。この拡大は、金の華北進出から、さらに北宋の打倒へと展開し、やがて江南に南渡した宋(南宋)と淮水をはさんで対立するまでにいたるのである。こうした動きは、明らかにそれまでの満州諸族の歴史展開とは相違するものであり、その背景には、遼や北宋などとのあいだに生じた個々の具体的政治状況の存在とともに、古来より展開してきた満州系諸族の経済的・社会的発展の存在が関係していた。金による華北支配はそうした発展の一帰結であったということもできる。

この金は、華北を領有するとその基盤を華北に移すようになり、やがてそれは女真族の漢化と民族性の喪失を惹起し、新興のモンゴルによって滅亡させられるにいたる。その結果、金の中国王朝化後も満州に残留していた女真族は、モンゴル・元の支配下に組み込まれ、その強大な軍事力に圧服される時代をむかえるのである。しかし、そのような状況下にあっても女真族再結集への動きは存続しており、それは明のあと、後金国が興隆してくる基礎となるのである。

北京南西を流れる永定河にかけられた盧溝橋　金の時代につくられた。元のとき、マルコ・ポーロもこの橋をわたった。左は欄干上の石獣。

金朝の国制と北魏の国制

さて、完顔阿骨打は一一一五年、自立して帝位につき(太祖)、国を金と号したが、その前年の一一四年、配下女真族を統制するうえでの軍事・行政の両面をかねた猛安(もうあん)・謀克(ぼうこく)という制度を定めた。これは、三〇〇戸を一謀克としてこれを行政上の基礎単位とし、一〇謀克をもって一猛安とする制度であり、その一謀克当たり一〇〇人の兵士を徴し、これを軍編成の基礎単位として、一猛安当たり一〇〇〇人の部隊を編成する軍事制度であった。各猛安、謀克の長の名称もそれぞれ猛安、謀克と称し、それらは世襲の職であり、そのために世官と呼ばれることもあった。

猛安はミンガンという女真語で「千」の意味をもっており、謀克は同じく女真語で「族長」を意味する言葉である。よって猛安・謀克制とは三〇〇〇戸の構成員から一〇〇〇人の戦士を徴発する制度ということになり、猛安が「千」の意味をもつことから行政上の制度の面をもちながらも、その本質は軍事面にあったということができる。こうした制度はさきにモンゴルの軍制についてふ

金の二重統治

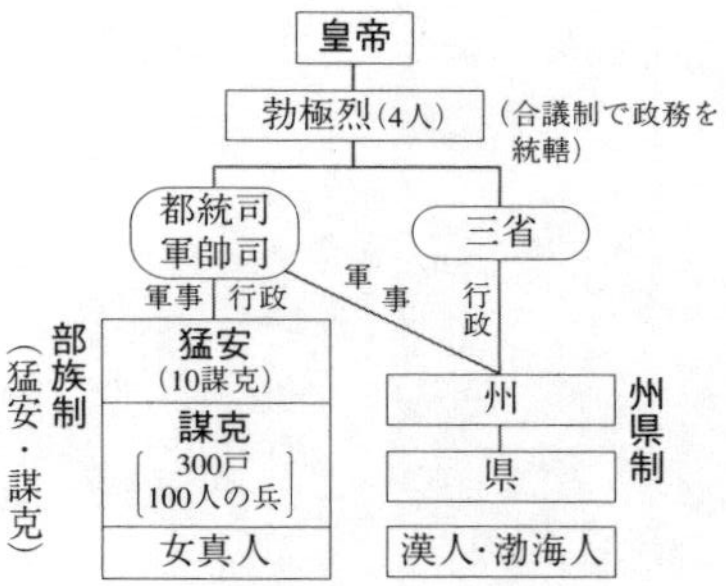
皇帝
勃極烈(4人)
(合議制で政務を統轄)
都統司
軍帥司
三省
軍事
行政
軍事
行政
猛安
(10謀克)
謀克
300戸
100人の兵
女真人
部族制
(猛安・謀克)
州
県
漢人・渤海人
州県制

れた際、千戸(ミンガン)・百戸(ジャングン)の制やノヤンの制について述べたが、ミンガンという呼称の一致面をも含めて、金においてもこれと同様のことがおこなわれたことがうかがわれよう。また、その際、その千戸(ミンガン)・百戸(ジャングン)制と遼の軍制、はたまた北魏の軍制との共通性についても論じたが、そのことは大きくとらえると、金の猛安・謀克制は北魏の軍制(行政制度でもある)である八部制と同様の性格をもっていたことをも想定させるのである。

金は一一四二年、宋と和議を結ぶと、華北の治安維持のため多数の女真族をその猛安・謀克の組織のまま、満州から華北の地に移したが、その形勢は金の第四代海陵王による燕京(えんけい)遷都によっていっそう著しいものとなる。彼らが漢人といりまじって居住し、耕地を与えられ税負担も軽く抑えられた反面、漢人に対しては過重な負担がしいられた。このことは漢人の金朝に対する反感をいっそう強いものとし、金朝の滅亡の大きな原因の一つとなる。

彼ら自身も華北に移住した結果、自らの母語である女真語を失い、漢語をあやつるようになるなど、物心両面におよぶ中国化と民族性の喪失を生むのである。

北魏の歴史を記した『魏書』に、北魏がその都を華北の中心地洛陽に移したのちのこととして、

> 北魏はその建国当初から華北の占領地に多くの軍府をおいてその地をおさめた。その際、華北の一中心地(中山)に八つの軍をおいた。のちさらに戦線が南方に拡大し将士は転戦していった。……彼らの税負担は軽く、百姓(漢人)の負担は重い。

といった記述がみえ、同じく『隋書』には、北魏の言語状況を伝え、

> (北魏が)華北の地を占領した当初、軍隊に対する命令など軍事にかかわる諸々のことはすべて鮮卑(せんび)語をもっておこなわれていた。しかし、のちにだんだんと中国文化の影響を受け、鮮卑語では多くの場合つうじないということが生じてきた。

といった記述がみえる。金と北魏にはその支配民族の移住にともなって共通の現象が生じているのである。

▼**海陵王**(在位一一四九〜六一) 金の第四代の皇帝。女真名は迪古乃。クーデタによって熙宗を殺害して即位し、宗室などの旧勢力を抑えて権力の確立をはかったが、失敗し殺害された。

海陵王と世宗

同様の現象は、右で述べた事柄のみにとどまらない。金の第四代海陵王(完顔亮)▲は満州の都会寧府を棄てて華北の大興府(北京)への遷都を断行し、多くの女真族を華北の地に移住させた。また彼は、皇帝権の強化のために宗室諸王や女真族大官を抑圧し、中国的国制の整備に努め、さらに中国の統一を企図し、南宋を討つために、多くの反対を押して淮南へ軍を進めている。この海陵王の事跡をみるとき、北魏の孝文帝の事跡とのあまりの類似に驚かざるをえない。海陵王と同じく中国文化にあこがれた北魏孝文帝は都を多くの家臣の反対を押しきって平城(大同)から洛陽へ移す。また、彼は洛陽遷都にみられるような中国王朝化をめざした施策に反対する鮮卑族大官を数多く粛正した。また、中国的国制の整備に努め、さらに中国の統一を企図し、江南にあった南朝を討つため、多くの反対を排して南伐の軍を起こす……。

こうした類似が生じた根本には、皇帝個人の志向もさることながら、そこに両国が中国を支配するようになって徐々に進行する中国化にいかに対処し、その国家としての基盤を確固たるものにするにはこれまでの国家の有り様を根本的に変革するよりほかにない、とする判断があったがためと考えられるのである。

ただし、金と北魏を比較した際、その中国に対する対応にはやはり相当根本的な相違も存在する。それは、女真文字の創出や、海陵王のあと即位した第五代世宗(完顔烏禄)の施策にみられる女真族国粋の強化と、再興への動きの存在などに端的に示されているとされよう。その意味では、金はやはりそれに先行する遼、その跡を継ぐ元と同じく征服王朝としての性格を濃厚にもっており、北魏後に展開された北アジアの歴史発展を踏まえて出現した国家といえる。

しかしまた、金が遼や元と比較して中国文化と親和的な国家であったということもこの際、確認しておく必要がある。そのことは金が華北支配にあたって科挙(かきょ)制度を排除せず、一一二七年、その制を採用し、漢人を中央行政、地方行政において活躍させ、決して除外しようとしなかったこと、あるいは、金一代をつうじて儒教を国家の指導理念としていたことからもみてとれる。

つまり、金の場合、たしかに世宗にみるように女真主義の強化を標榜するものがあるが、それはあくまでも中国思想・文化を排斥、それと対立しようとするものではないことは注目に値しよう。このような遼・元との相違が生じた原因としては種々の事柄が考えられるが、その要因に、モンゴル高原という遊牧を生業とする地から発した国家としての遼・元と、満州という狩猟や牧畜、そこで農耕をも部分的におこなう地から発した金との差異があることは確実なことといえるであろう。

清による中国支配

元代の女真族が元の強大な軍事力に圧服され、そうしたなかでも再結集をめざす動きがあったことをさきに述べたが、明が江南の地を確保し、さらに元を追って満州にまで進出すると、女真の一部は明に帰服し、満州から元の残存勢力を駆逐した。その後、明は巧妙な羈縻(きび)政策▲をとり、有力首長に官職を授け彼らに朝貢・互市貿易の特権▲を与えることをつうじてその懐柔に成功した。

明代の女真族は満州南部の建州女直、松花江沿いの海西女直、東北極遠の野人女直に大別されるが、海西女直と建州女直は明一代をつうじて徐々に文化的・経済的生活を向上させ、明末には有力者の荘園も出現するようになる。そ

▼羈縻政策　羈縻とは、羈が馬の手綱、縻が牛の鼻綱のこと。アメとムチの政策を使い分けながら、国力の消耗を極力抑え、国家の威信を発揚していく中国王朝の対外政策。

▼朝貢・互市貿易の特権　中国王朝に朝貢する周辺民族は、帰属と貢物を献上する見返りに、朝廷から官爵や献上物に数倍する回賜(賜物)をえた。また、自国の産品と中国の産品とを交易する権限も与えられた。この権限は首長層に大きな利益をもたらした。

▼ヌルハチ(在位一六一六〜二六)　清の初代皇帝。廟号は太祖。建州女真の貴族の家庭に生まれた。一六一三年までに全女真族をほぼ統一し、一六一六年、大金国を創立し、自らハン位についた。

の社会組織は血縁によって構成されるムクンとともに、地縁共同体としてのガシャン（村）もあらわれ、さらに明末にはその連合体としてのアイマン（部）やその諸部を統合したものとしてのグルン（国）が形成されるようになった。これらの部、国が明との朝貢・貿易権をめぐって激しく抗争し、やがてそれは建州女直出身のヌルハチの制覇に帰して後金国の建国をみ、清朝へと発展するのである。

清は第二代太宗ホンタイジが一六四三年に没し、子の世祖順治帝が位につくと、幼少のため睿（えい）親王ドルゴンが摂政となって政治にあたった。翌年、北京が李自成によって攻略され明が滅ぶと、これに乗じて清は万里の長城の要衝・山海関を突破して華北にはいり、北京に都を移した。これによって清は以後、一九一一年の辛亥（しんがい）革命にいたるまで三〇〇年近くの年月にわたって中国全土を手中におさめる満州族による征服王朝として中国の大地に君臨することになる。

清による中国統治の基本方針は元などとは相違して中国文化を尊重し、漢人、とりわけ読書人層の協力をえて中国的な統治をおこなうことにあったといえる。この点、同種族の建国した金と類似しているということができるであろう。清

▼ホンタイジ（在位一六二六～四三）清朝の第二代皇帝。廟号は太宗。ヌルハチの第八子。即位後、国号を大金から大清と改めた。一六三五年、内モンゴルを平定し、さらに三七年、朝鮮を臣属させた。

▼順治帝（在位一六四三～六一）清の第三代（入関後第一代）の皇帝。一六五一年以後、親政。漢人官僚を利用して漢民族支配を進める一方、満州族の辮髪を漢民族に強制し、王朝の基礎をかためた。

▼ドルゴン　ヌルハチの第一四子。一六四三年の太宗没後、太宗の第六子で幼少の順治帝を擁立、摂政に就任し、入関前後の多端な政局の運営にあたった。一六五〇年長城外のカラホトンで急死した。

▼李自成　明末の農民反乱指導者。陝西省の貧農出身。一六四四年、西安を占領し、ここを都として大順国を建てた。さらに北京を攻撃し、これを落としたが、明将呉三桂の軍に敗れた。

は明の制度をそのまま継承して、儒教を政治理念とし、科挙を実施して漢人をおおいに登用した。しかし、一方では漢人に満州族の風俗たる辮髪（べんぱつ）▲を強制したり、暴行を加えたりして漢族の自尊心を傷つけたりしたので、清朝に仕えることをいさぎよしとしない漢族知識人も少なくなかった。しかし、こうした反抗も清朝の国家権力が強化されるにつれ徐々に押さえ込まれていった。

清朝の国制には早くも太宗の時代に明の制度に倣った中国的制度が採用され、山海関をこえて華北にはいった入関以後は、ほとんどそのまま明の制度を踏襲し、それをさらに整備拡充した。しかし、異民族支配の王朝としての特色が、議政王大臣の制や官僚制運用における満漢併用、思想統制を企図した文字の獄▲などの面にあらわれている。そのなかで八旗制▲を中心とした兵制は、清朝の異民族国家としての性格を遺憾なく発揮したものということができるであろう。

八旗制は清の興起とともに始められた軍事ならびに行政の制度であり、この時代の満州族はすべてこの八旗に編成された。太宗時代になると蒙古八旗や漢軍八旗もできた。入関後、八旗兵の大部分は禁旅八旗となって北京城の内城に駐屯し、そのほかも駐防八旗となって北京周辺の地方、各省の要地、満州、内

▼**辮髪**　古来、中国の北方に居住した諸民族に固有な男子の髪形。頭髪の一部を残してほかをそり落とし、残した部分の頭髪をお下げのように編んで垂らす髪形をいう。満州族は後頭部の頭髪をとどめ、これを一本に編んで後ろに垂らしていた。

▼**文字の獄**　中国の筆禍事件、おもに清代のそれを指す。異民族の王朝であった清朝は、漢民族に対する支配を確立するために、入関当初から強圧的な姿勢で臨んだ。とくに民族意識の強い知識人に対してはそうであって、このためしばしば筆禍事件が起こった。

▼**八旗制**　清朝の軍事・行政組織。一六一六年、ヌルハチの建てた後金国は、八つのグサと呼ばれる集団から構成されていた。一グサは七五〇〇人の壮丁を出しうる軍事・行政組織である。グサは各一人の隊長（エジェン）が統率した。グサの中国語訳が旗。

山海関

辮髪を編む巡回理髪者

清は服従のあかしとして漢民族などに辮髪を強制した。髪剃り職人が町を巡回し、抵抗する者は殺してその頭を竿にかけて見せしめにした。

清世系図

- 太祖(ヌルハチ) ①(1616−26)
  - 睿親王(ドルゴン)
  - 太宗(ホンタイジ) ②(1626−43)
    - 世祖(順治帝) ③(1643−61)
      - 聖祖(康熙帝) ④(1661−1722)
        - 世宗(雍正帝) ⑤(1722−35)
          - 高宗(乾隆帝) ⑥(1735−95)
            - 仁宗(嘉慶帝) ⑦(1796−1820)
              - 宣宗(道光帝) ⑧(1820−50)
                - 醇親王 奕譞
                  - 醇親王 載灃
                    - 宣統帝(溥儀) ⑫(1908−12)
                  - 徳宗(光緒帝) ⑪(1874−1908)
                - 恭親王 奕訢
                - 文宗(咸豊帝) ⑨(1850−61)
                  - 穆宗(同治帝) ⑩(1861−74)

「和碩智親王」金冊(中国南京博物院蔵)

漢字と満州文字が併記されている。

モンゴル、新疆などに配備された。その総数は清の盛時においてほぼ二〇万人程度であったと想定されるが、この兵制が北魏の八部制、金の猛安・謀克制と同質の軍制であることは、さきにおのおの王朝の軍制について述べたことを想起すれば、容易にうかがえるところである。

清朝と華夷の別

清朝の中国支配を考える際、興味深いのはその華夷の別についてのとらえ方である。中国には古来より自己を文明の中心として(中華、中国)、ほかと峻別する華夷の思想(中華と夷狄を区別する)がある。この華夷の思想に対して清がとった最初の施策は、漢族に対し満州族の風習である辮髪・狭袖▲を強制することであった。清朝はこれによって表面的であるにせよ、満漢を合めて風俗的特色を統合することをめざした。また清朝は、一面、満州族を中国化することをも志向している。

その一つの現れは満漢のあいだの通婚の奨励である。順治帝はその上諭のなかで天下は一つであり、満漢はいずれも天子の赤子であって、その親睦のため

▼狭袖　胡人の着る服にみえる狭い袖。中国の戦国時代に北方辺境で活躍していた匈奴や鮮卑などは、筒袖、左衽(さじん、左前)の上衣にズボンという二部式の衣服を着用していた。これを胡服という。清では辮髪とともに胡服が中国全土で強制された。

には通婚が第一であると説いている。そしてこの政策のもっとも積極的な実践者が帝室自身であった。

　また、天子自らが率先して儒教の聖典たる『孝経』▲の註釈書をあいついで刊行することなどをつうじて、満州族のなかに中国的孝の観念を植えつけようとしている。元来、狩猟・牧畜の社会である満州族の社会は、山野を跋渉(ばっしょう)する「壮者」の世界であり、それだけに中国的礼教の中心概念である孝の観念は希薄であった。しかし中国の社会は、孝を忠よりも重んじ、天子から庶民にいたるまで孝を人倫の第一とする社会である。そうした社会の観念を満州族に植えつけようとすることは、当時の清朝支配者層が基準を漢民族の文化に求め、漢民族から夷狄視される満州族がその道徳、文化の点で漢民族に比べても決して劣ったものでないことを示そうとしていたことを示している。

　この礼教尊重の動きは、雍正帝(ようせいてい)▲のころになると、清朝こそがスペイン人やイギリス人などの礼教をもたない「外夷」と対立しつつ礼教を護持するものであり、儒教的礼教を紐帯(ちゅうたい)として結びつく満・漢・蒙よりなる帝国を満州族が実力によって支配している現実を踏まえるとき、些末な満漢の対立意識は止揚さる

▼**『孝経』**　孔子の弟子の曾子の作といい伝えられる儒家の古典の一つ。『論語』と並んで五経につぐ地位が与えられた。孔子と曾子の対話の形式に借りて、天子から庶人にいたるまでの各階層それぞれの「孝」のあり方が説かれている。

▼**雍正帝**(在位一七二二〜三五)　清の第三代(入関前からいえば第五代)の皇帝。廟号は世宗。康熙帝の第四子で、四十六歳で即位。在位期間は短かったが、清における君主専制体制を確立する役割をはたした。

▼明の太祖(在位一三六八〜九八)　明の初代皇帝。姓名は朱元璋。濠州(安徽省鳳陽県)の貧農の子に生まれた。やがて紅巾軍に投じ、一三六八(洪武元)年、南京を首府として、明王朝を建国した。

▼三老・五更　中国古代の周のときに、老いて退職した官吏を、天子は三老・五更と呼んで父兄の礼をもって待遇し、天下に孝悌の道を示した。三老は三徳(正直・剛克・柔克)を、五更は五事(貌・言・視・聴・思)にかたどって名づけられたという。

▼喪服　喪中に着る麻製の衣服で、死者との遠近親疎により五つのランクがあって五服といい、それぞれ喪に服する期間の差が定められていた。この五服は衣服の制度ではあるが、同時に親族関係を示す指標として用いられた。

べきものである、と認識する段階にまで深化する。

また、こうした礼教尊重の動きと連動して、清朝は明末の弊政(へいせい)や明の太祖▲が元の民であるにもかかわらず元を簒奪したことの非を批判し、清朝が天命を受け、その弊政から民を救うために中国の支配者となったことを主張している。

このように清朝は漢民族、とりわけ知識人層がいだく、清朝は異民族王朝という観念に対して、清は天の命にもとづいてこの中華の世界を支配しているという天命観を主張しつつ、彼らのなかにある明朝復興の考えを宥和しながら徐々に清朝正統の思想を確立していったのである。

ところで、さきに契丹(きったん)文字について論じた際、北魏の孝文帝が鮮卑族のために孝経を翻訳したといったことを述べ、そこに遼と北魏との差異を見出した。この点を清の場合と比較すると、そこに中国文化に対する清と北魏との類似を見出すことができる。北魏の高祖孝文帝は、三老・五更▲をおいて敬老に努めたり、自ら喪服▲について講じてみせたり、不孝に対する量刑を重くしたり、祖母のために三年間の喪▲に服したりしているように、礼教とりわけ孝の実践に極めて積極的であった。彼はこうしたことをつうじて鮮卑の社会に漢民族的な孝道が浸透するようにはかっており、礼教を身につけた鮮卑族と漢民族とのあいだの通婚を奨励している。

また、北魏の前期にあって華北の漢族士大夫(したいふ)たちは北魏を夷狄視し、北魏に対し自らの王朝としての親近感をまったくいだいていなかった。こうした動きは五胡十六国時代の動向の延長に生じたことであり、五胡の時代の漢族は五胡を夷狄視し、陰に陽に五胡は劣等であるから、所詮文明社会たる中国を支配する天子となることはできない、せいぜい天子を補佐する臣下になりうるにすぎないといった考えを表明していた。

これに対し五胡十六国時代の分裂を収束させ華北を再統一した北魏は、詔勅のなかで「帝王の業というものは徳を積み、天時と人時とが会うのでなければ生じえない。昔から新たな国家が建国されるときは、その裏にかならず天命というものが存在する」と述べているように、北魏が中国を支配しえたのは「天命」であるとする考えを強く推し出すようになってくる。

以後、北魏による華北支配は安定の度を加えていき、ために率先して北魏に仕官する漢族士大夫の増加がみられるようになる。さらに、その過程で漢族士

▼三年間の喪　五服のなかの斬衰(ざんさい)のこと。斬衰は裁断したままで、縁を縫っていない喪服。喪のなかでもっとも重いもので、父が死ぬと三年のあいだ、喪に服するのに用いる。祖母の場合は裁ち口を縫いとった斉衰(しさい)を用いる。服喪の期間は一年。

大夫は徐々にかつては夷狄視したはずの北魏を自らの王朝として認識するようになり、ついには北魏滅亡時に北魏を守るために「家を破っても国(北魏)に報いよ」という遺言を残す漢族士大夫のリーダーが出現するまでの一体化がみられるようになるのである。

こうした変容の過程は、かつて自らの命を賭してさえも拒否しようとした辮髪強制を経験した漢民族が、清末に滅満興漢(満州族を滅ぼし漢民族を復興するとするスローガン)を掲げ長髪族と呼ばれた太平天国軍▲から満州族の風習たる辮髪をやめるよう強制されたとき、清初とは逆に辮髪を守るために死すらもいとわなくなるほどまでに変化していたこと、漢族士大夫の多くが科挙に応じ、清朝を自らの王朝として忠誠をつくしていく過程と極めてあい似た現象ということができるであろう。

康熙帝▲はかつて明の太祖が泰山▲の神を祀ったのに倣って長白山▲の神を祀り、山東泰山の地脈は長白山よりきているとしている。また、清朝は万里の長城の荒廃に無関心でもあった。これは、清朝の支配領域が旧来の中国の支配領域をこえ、万里の長城に向かって侵入してくる北方民族の居住地たる満州やモンゴ

▼**太平天国**　一八五一年、広西に樹立され、のち南京を首都として、清朝、また末期には英仏干渉軍と戦って六四年に滅んだ中国の民衆的政権。母体は一八四三年、広東省花県の客家(ハッカ)の農民出の読書人洪秀全が創始した拝上帝教という宗教団体。

▼**康熙帝**(在位一六六一～一七二二)　清朝第四代皇帝。順治帝の第三子。廟号は聖祖。清朝二六〇年の基礎を築きあげ、中国の歴代王朝の数ある皇帝のなかでも名君の一人と称えられる。

▼**泰山**　山東省の山岳。主峰の天柱峰(玉皇頂)は標高一五四五メートル。華北平原の東にそびえ立つため古くから注目され、五岳のうちの東岳として岱宗(たいそう、五岳の首峰)と呼ばれた。古来、天神がくだり、死者の霊魂が寄り集う冥府がある霊山とされた。

ルをもその支配領域におさめたことと関連があろう。さらにいえば、さきに述べたようにそうした状況を踏まえ、清朝が満漢蒙を一体化した国家を志向したところから生じた事柄であるといえる。現代の中華人民共和国は基本的にこの清代の支配領域をその国家領域としているが、それは遼や元の時代から続いた、ひいては匈奴（きょうど）や鮮卑の時代から続いた南北抗争の一つの帰結を示しており、その基本的枠組みは上述したような過程をへて清代にいたったと考えられるのである。

▼長白山　中国東北部の、朝鮮民主主義人民共和国との国境付近を走る山脈。主峰は二七四四メートルの白頭山。古くから神秘の山とされ、中国東北諸族や朝鮮族の建国神話の舞台となっている。清代には、清朝と李朝とのあいだでしばしば国境をめぐって紛争が生じた。

④—長江流域以南の諸民族

中国の民族問題のもう一つの側面

中国内地に移住してきた匈奴や鮮卑は今日その後裔さえも存在していない。また、元や清を建国したモンゴル族や満州族は、現在の中華人民共和国内においては、その自らの言語を喪失する者が多数にのぼっていることからもわかるように、中国化の度合を強めている。これらのことは中国史上の諸民族が漢民族に同化、吸収されていったことを示しているかのようである。

しかし、こうした見解は一見妥当な見解であるようにみえながら大きな誤解を与える面をもっている。なぜならこの見方は、厳密にいえば漢民族というものが古来より確固不変のものとして存在していたことを前提にしなければ成り立たない見方であるからである。ところが、本書の冒頭において指摘したように漢民族の活躍した大地である「中国」の領域さえも古来から現在にいたるまで拡大して、今日にいたっているのである。そのことは、前節で述べた元や清の時代に拡大した中国の領域が今日の中華人民共和国の領域になっているとい

三星堆遺跡二号坑出土立人像

三星堆遺跡出土黄金の仮面

▼**三星堆遺跡**　一九八六年、四川省の広漢県で発見された、新石器時代晩期から西周初期の遺跡。巨大な青銅の立人像、目玉の異様に飛び出た巨大な仮面、長大な城壁など、多様な遺物、遺跡が発見され、黄河文明とは異質な文明として脚光をあびる。

う点からも明らかであろう。

また、文化の面からみたとき、例えば中国人の秋冬着である袍や春夏着である長衫がもともと満州族の服装であること、いわゆるチャイナドレスが旗袍からきていることなどに象徴的にあらわれているように、今日の漢民族の文化と呼ばれている文化はそうした歴史上の諸民族の文化の混成、融合の結果生まれたものという性格をもっているのである。

いま、こうした点を指摘して、前章までの考察ではまったく取り上げてこなかった中国南部、とりわけ長江流域以南の地域における諸民族の問題を、この漢民族の形成という問題との関連からやや詳細にみてみることにしよう。

近年、長江流域に長江文明ともいうべき古代文明が存在したとする研究が出されている。このような指摘は仮面が多数出土した三星堆遺跡▲の発見のころからさかんになされるようになったが、このことが事実であるとすれば、長江文明を担った人びとは、中国の古文献に百越▲、三苗、蜀などと称せられた人びとであった可能性が大であろう。

長江流域の地域には、戦国時代になると屈原▲を生んだ楚や呉王夫差▲と越王勾

▼百越　古来、浙江省からインドシナにかけて分布した非漢民族。百粤とも表記。越(於越)は入れ墨や断髪の習をもち、春秋時代に会稽(かいけい)に建国、前三〇六年の滅亡後は各地に散居した。その後も甌越(おうえつ)、閩越(びんえつ)、南越、山越などが活躍。

▼屈原　戦国時代、楚の人。『楚辞』の作者。屈原は楚王の信任をえて内政外交の両面で腕をふるっていたが、讒言されて職を追われ洞庭湖周辺の荒野を放浪し、汨羅の淵に身を投じた。

▼呉王夫差(在位前四九六〜前四七三)春秋末の呉の王。父の闔閭(こうりょ)の遺言を受け、夫差は父の仇である越を破ったが、越王の勾践を助命した。のち勾践に攻められ、呉は滅亡した。

▼越王勾践（在位前四九六～前四六五） 春秋末の越の王。呉とは宿敵の関係にあった（呉越同舟）。呉王夫差に許されて帰国した勾践は、臥薪嘗胆して、前四七三年、ついに呉を滅ぼした。左は望山一号楚墓出土勾践の銅剣。

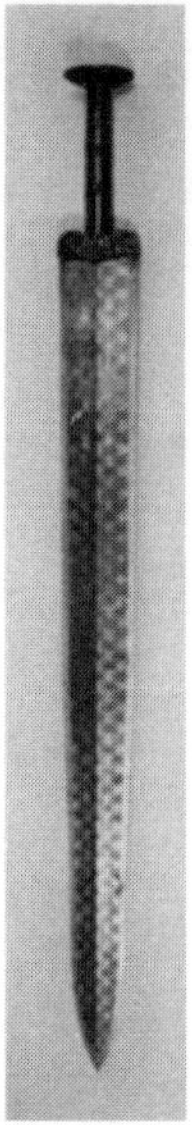

践▲の争いで著名な呉、越などの強力な国家が出現する。これらの国々は中原（黄河流域）の国々から夷狄視され、彼らもまた自ら中原の国々とは異なるという意識をもっていた。その文化は今日、当時の遺跡などから発見される諸遺物を見るとき、中原のそれと比較しても劣ることのない高度なものであることがわかる。

しかし、関中から発した秦の始皇帝によって中国がはじめて統一され、その死後の項羽と劉邦によるいわゆる楚漢の争いを最後として、長江流域以南の地域においてそこに原住する人びとによる、中原の勢力に匹敵するような勢力の結集はついになされることはなかった。漢の初めに現在の浙江省南部の地に甌越、福建省の地に閩越などの勢力の結集がみられるが、それはもはや、呉や越の時代のような強力なものではなかった。

三国志の時代の山越

くだっていわゆる三国志の時代になると、史書は山越と呼ばれる種族が、江南から福建にかけての山岳地帯に存在したことを伝えるようになる。この山越

●―**呉の時代に山越が分布した地域**　下線を付した郡は毒虫を飼養する巫術の存在したところ。※印を付した郡は蛮の住地である「洞」の存在したところ。

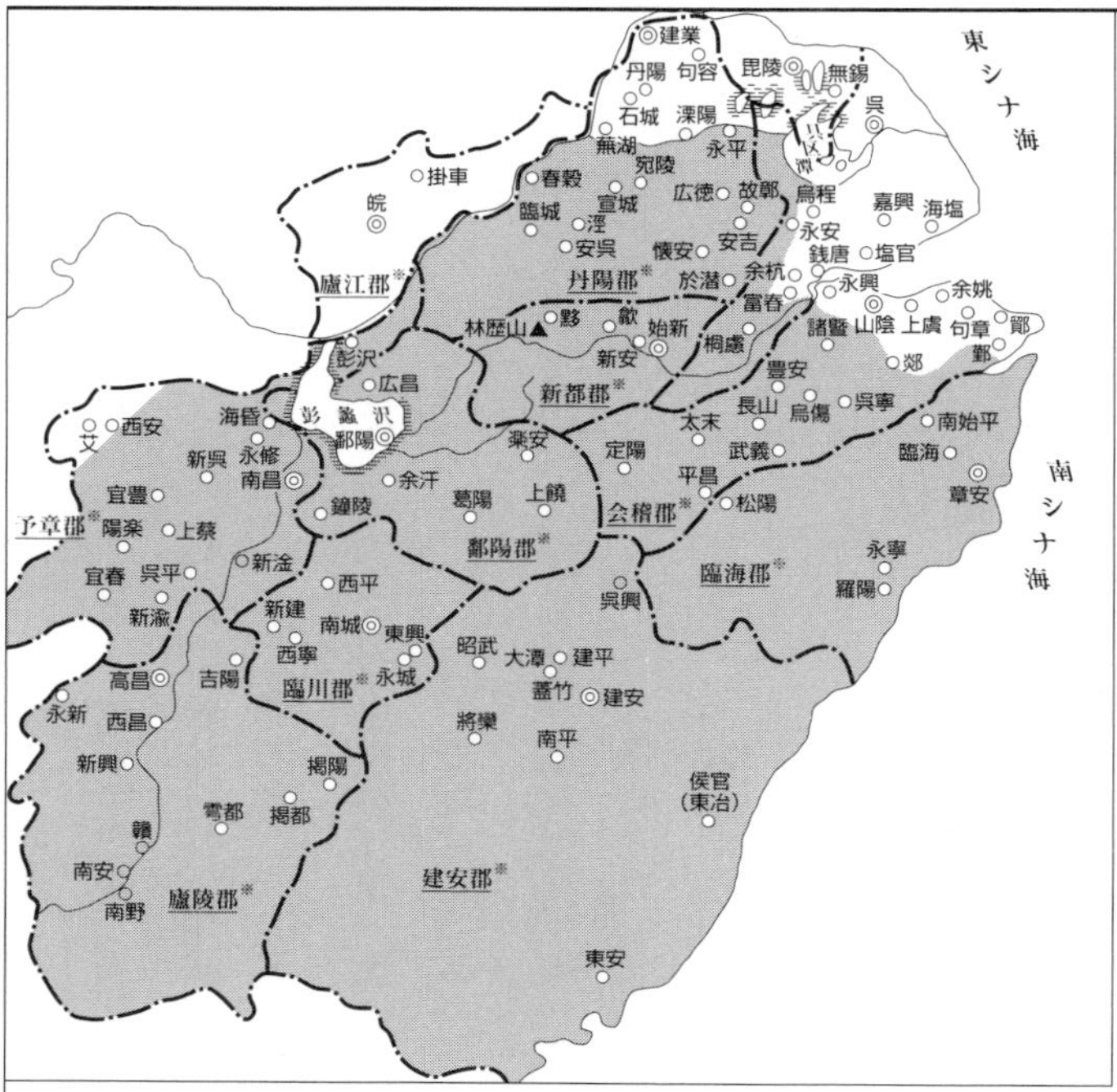

東シナ海
南シナ海
建業
丹陽
句容
毘陵
無錫
呉
石城
溧陽
蕪湖
永平
宛陵
春穀
掛車
皖
臨城
宣城
広徳
故鄣
烏程
嘉興
海塩
涇
懐安
安吉
永安
塩官
安呉
銭唐
廬江郡※
丹陽郡※
於潜
余杭
永興
余姚
富春
山陰
上虞
句章
鄮
林歴山
黟
歙
始新
諸曁
鄞
彭沢
新安
桐廬
鄮
広昌
豊安
長山
烏傷
呉寧
南始平
新都郡※
彭蠡沢
鄱陽
楽安
太末
臨海
西安
海昏
定陽
武義
章安
艾
新呉
永修
南昌
余汗
平昌
宜豊
鐘陵
葛陽
上饒
会稽郡※
松陽
予章郡※
陽楽
上蔡
鄱陽郡※
臨海郡※
永寧
宜春
呉平
新淦
呉興
羅陽
新渝
西平
新建
南城
東興
西寧
昭武
大潭
建平
高昌
吉陽
臨川郡※
永城
蕃竹
建安
永新
西昌
將樂
南平
新興
掲陽
侯官
(東冶)
雩都
掲都
贛
建安郡※
南安
南野
廬陵郡※
東安

●―**福建省地図**

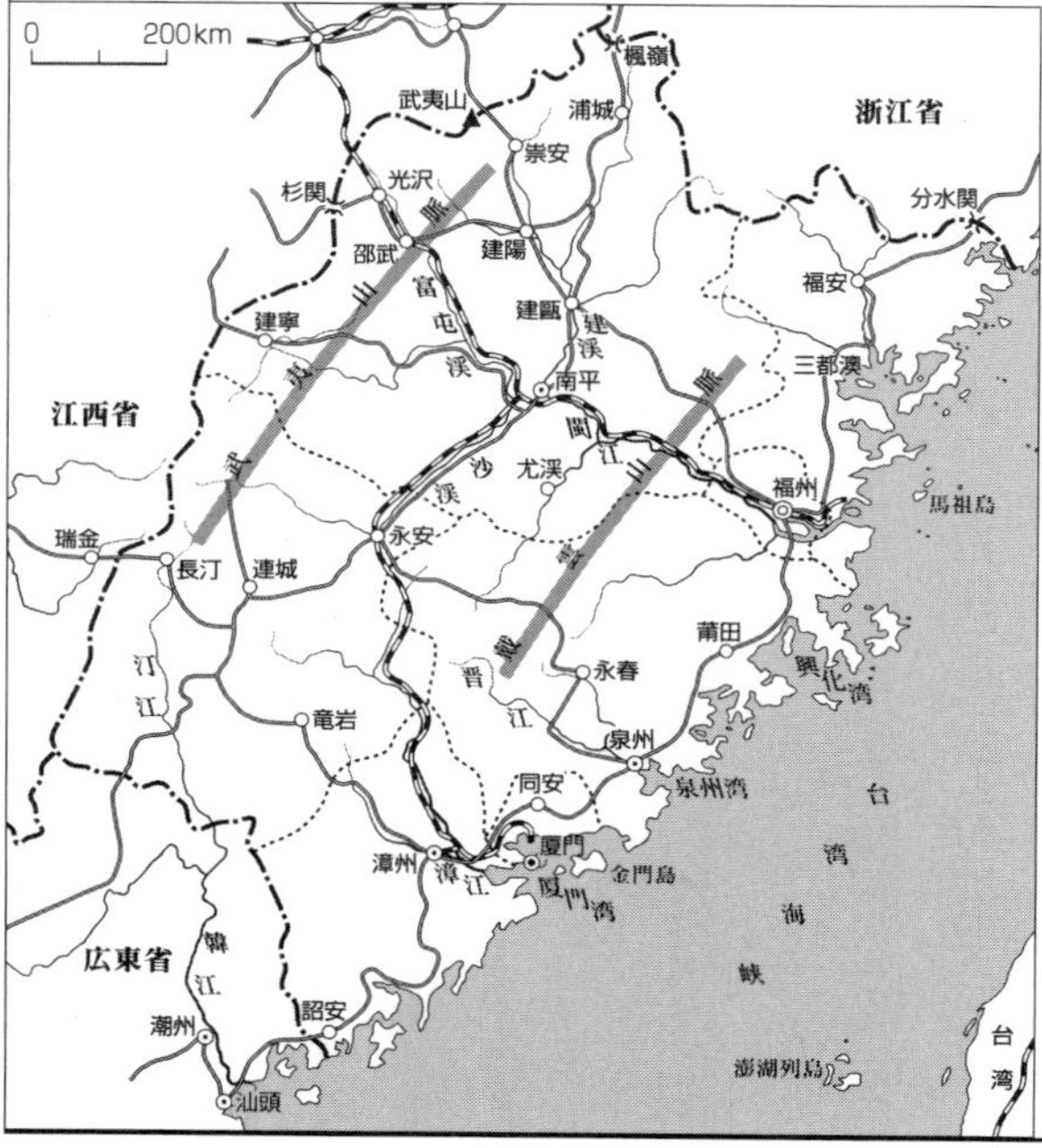

0
200km
楓嶺
浙江省
武夷山
浦城
崇安
分水関
杉関
光沢
邵武
建陽
福安
富
建甌
建
屯
渓
三都澳
建寧
渓
南平
江西省
閩
沙
尤渓
江
渓
福州
馬祖島
瑞金
長汀
連城
永安
莆田
晋
永春
興化湾
汀
江
竜岩
江
泉州
泉州湾
台
同安
廈門
湾
漳州
漳
江
金門島
廈門湾
海
広東省
韓
江
峡
詔安
潮州
台
澎湖列島
湾
汕頭

はその呼称からして、「山住の越」ということを意味するが、そこに古代の百越の時代から長江流域の地にあって活躍してきた越族が徐々にその生活空間を狭められ、山岳地帯へと追いやられていく姿を想定することができる。しかし、こうした見方は事柄の表層のみをとらえた見方といわざるをえず、中国の江南、およびそれ以南に展開する地域ははるかに広大で、深い奥行をもった世界であったという視角が脱落した見方といえるのである。いまそのように考える理由を述べてみよう。

その一は、山岳といいながらも当時の江南には、山岳地帯のみならず、今日の観点からいえばその平野部においても広大な山林地帯が存在していたということである。その二は、山越の勢力は三国時代の一角を占める孫権の呉の国を脅かしうるほどの勢力を依然として保持していたということである。その三には、その分布範囲の広大さである。そしてその四であるが、この第四点については三国時代以降の福建の状況をやや詳しく述べることをつうじてみることにしよう。

福建の地は山越の前身たる閩越の地であるが、この地は三国時代よりはるか後世の北宋・南宋の時代になると開発が進み、諸産業が発達し、科挙の合格者数は全国一。朱子学▲の祖朱熹を生み出すほどにまで発展する地域である。この福建の急激な発展はそれ以前の時代、とりわけ唐時代における漢民族のこの地域への入植が大きな役割をはたしていた。

その入植は、唐初には海路をつうじた江南の辺境としての福州▲と陸路をつうじた江西東部の辺境としての建州（いまの建甌）▲を焦点として進行している。唐中期になるとそうした植民を踏まえて行政官庁としての多くの新設の県が設置されるようになり、その設置にともない、それまで建州を中心とした福建の西北部と福州を中心とした福建の東南部に分断されていた漢民族居住地帯が結合されるようになる。そして、福建の西北部の山岳地帯に新たに汀州（いまの長汀）という行政上の一中心地としての州が設置され、この汀州とすでに唐の時代に先住民を討伐して設置されていた福州の南の漳州とのつながりによって、漢民族居住地帯の環が先住民居住地帯を包み込む形成を示すようになった。

つまり、唐中期の福建は辺境としての漢民族の進出の拠点がほぼ完成した時点にあたり、唐中期の県の新設は、なお残されていた先住民居住域の周辺に

▼朱子学　南宋の朱熹(朱子)によって集大成された思想体系。朱熹の教義は「理」と「気」による世界の把握にある。「気」は宇宙に充満する物をかたちづくる基体、「理」とはそこに内在する秩序ないし法則性をいう。

▼福州　現在の福建省の省都。東部沿海、閩江下流域の福州平野の先端部分に位置する。全省の政治・経済・文化・交通の中心地。漢代初めは閩越の王都冶城の所在地である。漢の武帝に征服されてから冶県となり、会稽郡に所属した。

▼建州　現在の福建省北部の都市。古来、江西、浙江と福建を結ぶ交通の要衝。福建省の建の字は、ここにおかれた建州(建寧府)に由来する。三国呉の永安三(二六〇)年建安県がここにおかれ建安郡治となり、南宋には建寧府に昇格して清代にいたる。

それを取り囲むように設置されているのである。

その後、唐中期から唐末にかけての漢民族の入植は、建州から福州に向かうそれまでの経路の周辺とともに、福建西部にあたる建寧南部の地、当時、黄連洞と呼ばれていた広大な先住民居住地帯へと向かうようになる。そしてこの地の北半もほぼ唐末には漢化し、先住民との対峙の最前線はさらに南下していった。一方、唐のあとの五代宋初の新設の県は、建州、福州、泉州の周辺にそれを取り囲むように存在し、しかもそれらはいずれも行政の中心たる州県城からはずれた商品流通の拠点としての鎮、場からの昇格というかたちで、地域商品流通と密接な関係をもちつつ発展している。このような商品流通網の完成をへて、宋代の福建地域における科挙合格者数の圧倒的優位といった現象は生じるようになったのである。これが第四の理由である。

このように、唐宋時代の福建の状況は展開するが、翻ってこのような後世の事柄を、三国時代以前の状況と比較すると、山越を山住の越族としてとらえ、そこに漢民族に追われ勢力を喪失していく古代越族の姿を想定することは、事柄の表面的状況をとらえたのみで、その問題の広がりと深さについての認識を欠いた見方ということができるのである。

また、こうした現象は、越族の存在した浙江や福建地域のみにみられたものではない。山越が活躍した六朝時代の江西省にも「蛮族」の存在がみられ、唐宋時代にかけてあい似た状況がみられる。南北朝時代には洞庭湖の北の湖北省の地にも極めて多数の「蛮族」が居住しており、王朝はそれに対する大討伐戦を敢行してさえいる。

湖南の場合はさらに多数の、かつ雑多な「蛮族」が広く分布して、そうした状況はのちの唐宋時代にいたっても基本的に変化することはなく、宋代の荊湖(けいこ)南路(ほぼいまの湖南省全域)を構成したすべての地域(潭(たん)州、衡(こう)州、道州、永州、邵(しょう)州、郴(ちん)州、全州、武岡軍、桂陽監)に「蛮族」が濃く分布していたことが確認できるのである。

また、長江の上流の四川省の場合、六朝から唐にかけて獠(ろう)と呼ばれる非漢民族が多数存在していたが、その分布も極めて広範で、濃い分布を示すものであった。

これらの地域の大半には今日すでに非漢民族は存在していない。では彼らはどうなったのであろうか。歴代王朝はこうした人びとに対し、幾度にもわたる討伐をおこなっている。その結果、この地域にいた非漢民族が消滅させられたということも考えられる。たしかにそうした面も否定できない。

しかし、その多くは王朝権力に取り込まれることによって今日の漢民族の祖先となっていったとするのがもっとも妥当な見方といえるであろう。六朝時代の史書は「長江流域以南の地に極めて雑多な種族が存在する」と指摘し、「彼らは鳥や獣のような言葉で話し、言語も中国人とは異なり猿や蛇、魚、鼈（すっぽん）などを好んで食べる異様な人びとである」と記述している。しかし、基本的にいって漢民族の拡大にともなって、これらはすべて現在の漢民族の文化のなかに受け継がれていったのである。

清代における苗族の反乱

江南地域に発した中国南部に居住する非漢民族に対する討伐、非漢民族と漢民族との融合の波は、明清時代になると貴州や雲南などの中国の西南の地方にまで深くおよんでいくことになる。いまその波が中国南方民族の一つ、苗（ミャオ）族に

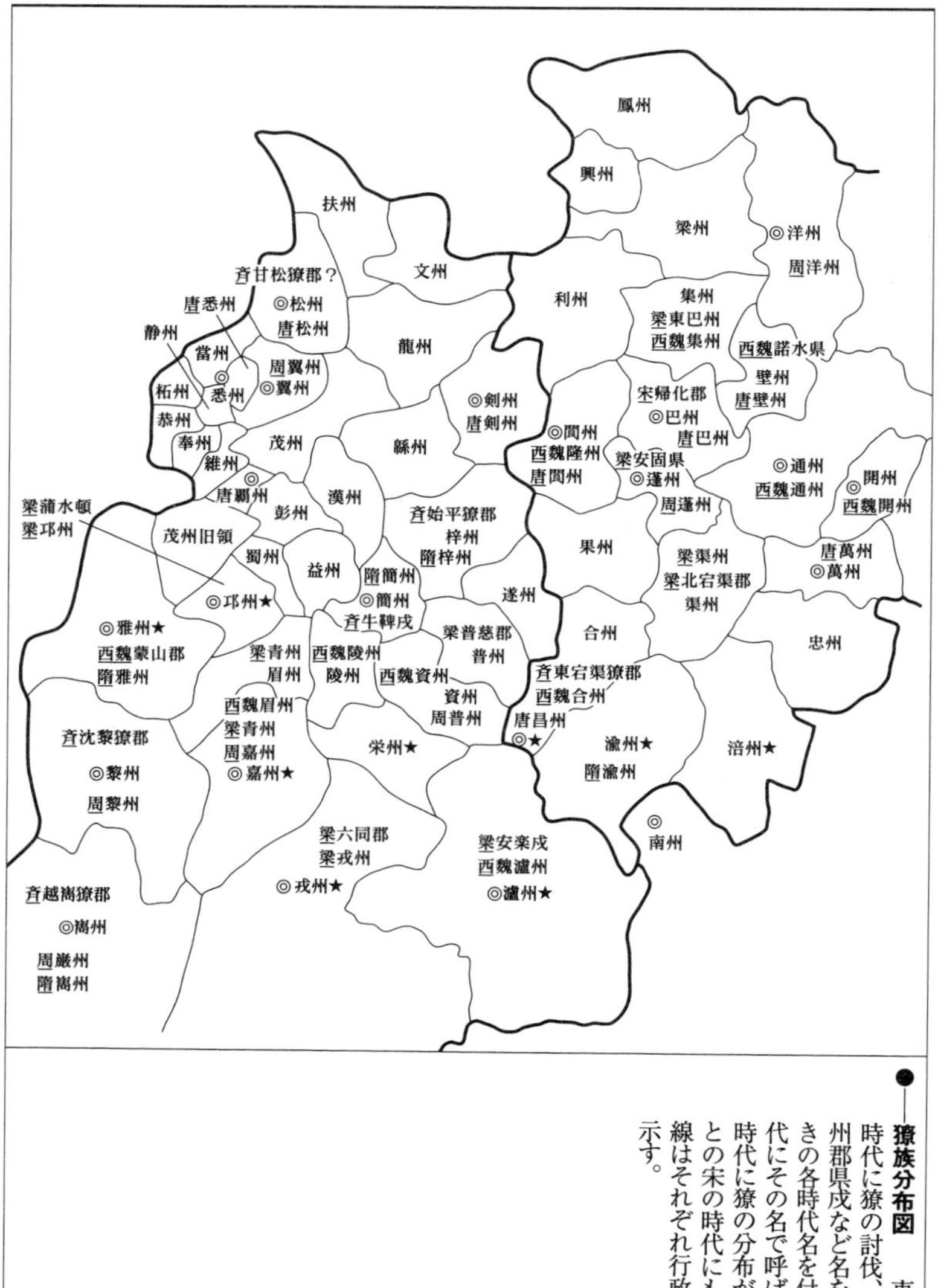
鳳州
興州
梁州
◎洋州
周洋州
扶州
文州
利州
集州
梁東巴州
西魏集州
西魏諸水県
壁州
唐壁州
斉甘松獠郡？
◎松州
唐松州
唐悉州
静州
當州
◎悉州
柘州
恭州
奉州
維州
周翼州
◎翼州
龍州
◎剣州
唐剣州
茂州
緜州
宋帰化郡
◎巴州
唐巴州
◎閬州
西魏隆州
唐閬州
梁安固県
◎蓬州
周蓬州
◎通州
西魏通州
◎開州
西魏開州
◎唐覇州
漢州
彭州
梁蒲水頓
梁邛州
茂州旧領
蜀州
益州
斉始平獠郡
梓州
隋梓州
果州
梁渠州
梁北宕渠郡
渠州
唐萬州
◎萬州
隋簡州
◎簡州
斉牛鞞戍
遂州
合州
忠州
◎邛州★
◎雅州★
西魏蒙山郡
隋雅州
梁青州
眉州
西魏陵州
陵州
西魏資州
梁普慈郡
普州
斉東宕渠獠郡
西魏合州
資州
周普州
唐昌州
◎★
渝州★
隋渝州
涪州★
西魏眉州
梁青州
周嘉州
◎嘉州★
栄州★
斉沈黎獠郡
◎黎州
周黎州
◎南州
梁六同郡
梁戎州
◎戎州★
梁安楽戍
西魏瀘州
◎瀘州★
斉越巂獠郡
◎巂州
周厳州
隋巂州

●――**獠族分布図**　東晋時代から唐時代までの各時代に獠の討伐、招撫にかかわっておかれた州郡県戍など名をかさね記したもの。下線つきの各時代名を付した州郡県戍は、その各時代にその名で呼ばれたことを示す。◎は唐の時代に獠の分布が確認できる州。★は唐のあとの宋の時代にも獠が分布した州。太線、細線はそれぞれ行政区画である道・州の境界を示す。

までおよんだとき、どのようなことが生じているのかということを、清朝による彼らに対する討伐の具体相を明らかにすることをつうじてみてみよう。

さきに、清代のことについて述べた際、清が満・蒙・漢を一体のものとし中国的礼教にもとづく支配を貫徹しようとしたことを述べたが、清代ではその延長において苗族などの辺境非漢民族を中国化するという政策がとられるようになる。清の時代の西南非漢民族に対する政策として特徴的なものに「改土帰流(土司を改めて流官に帰す)」という施策がある。これは非漢民族が多数居住する地域の支配を先住種族の有力者に委ね(これを土司、あるいは土官といった)、王朝が間接的に支配するという、それまでとられてきた方針を転換し、中央から派遣されてくる官僚(流官という)による支配に変更し、王朝による直接的支配をめざすというものであった。

苗族の場合、それは雍正四(一七二六)年に開始されたが、当然のこととしてその実行は苗族の強い抵抗を呼んだ。そうしたなかで貴州東南部に居住する苗族の支族である黒苗(こくびょう)▲の抵抗はもっとも強力なものがあったが、清軍は黒苗の村落を焼き払い、そこに府県や軍政区を設け直接支配に乗り出していった。この

▼**黒苗**　湖北の西南端から湖南の西部、貴州の東南部、広西の北部へとほぼ南北に厚く分布する苗族の一群。彼らはみな黒い色の民族服を着用するので、漢族から黒苗と呼ばれた。この西部に展開する花苗という苗族もいる。

ときの討伐は雍正六年にまでおよぶ残酷な苗族屠殺（とさつ）作戦ともいうべきものであったが、制圧後も清朝は重税を課し、有力者にのみ辮髪（べんぱつ）を許可し、苗族一般にはそれを禁ずるという露骨な分断策をとり、苗族内部、あるいは入植してくる漢族と苗族とを対立させ、それらの勢力の反清を企図する結集を防ごうとした。

清朝の圧制にたえかねた苗族は、以後も雍正十三年、乾隆六十年などに幾度かにわたる抵抗を試みている。なかでも咸豊五(一八五五)年から同治十一(一八七二)年の一八年間にわたる苗族の英雄張秀眉（ちょうしゅうび）▲に率いられた蜂起はもっとも巨大なもので、貴州のみならず東は湖南、南は雲南にまでおよぶものであった。この蜂起は貴州にはいった太平天国（たいへいてんごく）軍とも連合したため、奪われた土地などを取り戻すことなどに成功し、蜂起軍の士気は高揚した。しかし、結果的には清軍の巧妙な分断策が功を奏し、張秀眉がとらえられることによってさしもの反乱も収束する。いまでも貴州省の苗族のあいだでは張秀眉を称えた歌や説話が多く伝えられているが、この戦いではおよそ一〇〇万人にものぼる苗族が死に、生き残った者は数万人にすぎなかったともいわれる。

▼張秀眉　貴州苗族反乱の指導者。太平天国軍と連合して土豪や地主を倒す動きを示し、また奪われて清の軍屯とされた土地を奪還することにも成功する。いまも貴州東南の苗族のあいだには彼を称える民謡・伝説が多く伝えられている。

太平天国の玉爾　広東省花県の中農出身の洪秀全は、キリスト教的秘密結社上帝会を組織、一八五一年広西省金田村で挙兵して太平天国を建てた。洪秀全は自ら天王と称し、南京に都をおいて中国の南半分を押さえた。図は天王の玉爾である。

⑤―現代中国における民族問題

中国における民族差別

民族相互が憎しみ合い闘争するという現象は中国のみならず、古今東西のいずこにおいても生じてきた。それは時に強烈な他者に対する差別をともなった。中国史上における民族差別は、民族の定義を広くとらえた際、今日の漢民族が形成されるはるか以前、黄河中下流域に発した黄河文明の担い手たちが「華人」「華夏」などと自称したころにはすでに始まっていたといえるであろう。それは彼ら華夏の人びとが、その四方の人びとを蛮、夷などと称し、自らに比べはるかに劣る禽獣にも等しい存在とみなしたことなどに端的に示されている。

その後、こうした意識は「中華意識」「中華思想」などと呼ばれ、独自の展開を示しつつ近代にいたる。その際その差別は、周辺諸国の民族名にケモノへんをつける▲、周辺諸国との政治的交渉を決して対等なものとは認めず、中国の下位に位置づけるといったかたちをとった。しかし、こうした差別は近代における人種的差別とはかなり相違し、多くの場合中国の文化、生活様式と異なる

▼ケモノへんをつける　広西のチワン族はもとは獞と表記され、苗族が猫と表記されたような事例。古くは五胡の匈奴・鮮卑・羯(けつ)・氐(てい)・羌(きょう)が、凶悪な奴隷・魚で卑しい・去勢された羊・低く卑しい・羊の種、といった表記であらわされていることに示される。

ものに対する政治的・文化的差別であり、それは夷狄も中国の文化を修得すれば中華の民となれるとする認識も一方には存在した点に示されている。

これは、漢民族による周辺民族に対する抑圧の事例であるが、周辺民族、とりわけ中国の北方の遊牧騎馬の民族が、その軍事的力量を背景に中国を占領し、右に述べたのとは逆に中国に住む漢民族を下位の民族として差別するということも生じた。本書で元の時代のことについて述べた際取り上げた、蒙古人を最上位として以下、色目人、漢人、南人とする国家身分の存在はその端的な例ということができるであろう。

このように中国にあっては古来より現代にいたるまで、徐々に形成されていった漢民族とそれ以外の民族とのあいだで、長年にわたる抗争が繰り返され今日にいたっている。現在、中国に存在する五十有余の民族のなかで最大多数を占める漢民族の総人口は一二億人をこえ、ほかの少数民族はそのすべてを合わせても漢族の一割に満たない。ただし、その際、漢民族の方言の多様性、漢民族の体質面における地域的相違、いわゆる中華料理の多様性などにあらわれているように、漢民族自身もそうした諸民族との融合の結果出現したものであることの重要性は本書において何度か指摘してきたところである。

中国共産党は一九二二年、第二回党大会において、蒙古、チベット、新疆(しんきょう)に自治を認め、自由連邦制のもとに中国本部、蒙古、チベット、新疆を統一し中華連邦共和国を建国することを宣言した。その後その流れを受けて、一九三一年の中華ソヴィエト第一回全国大会で採択された中華ソヴィエト憲法では、中国内の少数民族の自決権を承認し、さらに各少数民族が中国を離脱し独立国家を形成する権利を承認するにいたる。

こうした動きは民族問題の観点からみるとき、旧中国にあって長く支配的な意識となっていた漢民族第一主義、少数民族差別の路線の放棄を告げる画期的な動きであったということができるであろう。

抗日戦争期になると中国共産党は民族統一戦線の結成を至上命題とし、その少数民族政策を具体化していく。そしてそれは一九三八年の第六期中央委員会拡大第六次全体会議における毛沢東の報告に明確に示されるようになる。

すなわちそこでは、(1)蒙、回、蔵、苗(ミャオ)、猺(ヤオ)の各民族に漢民族と平等の権利を認め、彼らに共同抗日のもとに自治権を与え漢民族と連合して統一国家を樹立すること、(2) 各少数民族の文化を尊重し、漢語の強制をおこなわず、彼らの言語、文字による文化、教育の向上を援助すること、(3) 大漢族主義(漢族第一主義)を排し、平等な態度で少数民族を遇するよう漢民族自らを教育することなどが表明されている。

ただそこに、従来の自決権の保証がみられず、自治権の承認という点にとどまっていることは注目すべきである。

この流れは政権樹立直前の一九四九年九月に採択された中国人民協商会議の共同綱領第六章「民族政策」の段階においてさらに明確化され、今日にいたる中国における地方民族自治の形式が決定された。すなわちそこでは、(1) チベット系、モンゴル系といった広がりの大結集をめざす大民族主義や純血主義をめざすような「狭隘(きょうあい)な」民族主義の双方に反対し、民族間の団結を阻害する行為を禁止すること、(2) 各民族の言語、文字、文化、信仰の保持は謳われてはいるものの、民族自決権、連邦制についての記述がまったく姿をひそめ民族自治権が保障されたにとどまっているのである。

また、新たに「狭隘な」民族主義に反対することが盛り込まれていることは、連邦制の採用を明確に否定する路線を中国共産党が採用したことを示している。

こうした動きの背景には新中国成立前夜における内蒙古と新疆における自治運動・民族運動▲と中国革命との関係がからんでいたと想定され、新中国の民族政策を立案する過程で、内蒙古や新疆での経験が全国規模で反映されたと考えられる。

すなわち、新中国は当時の国内的国際的諸条件のもと国家統合を最優先させる道を選択し、その民族政策を転換させたのである。そして、この路線は中国の民族政策の基本となって今日にいたっているのである。

民族相互の排斥

そもそも民族とはいったいなんであろうか。民族の定義はさまざまであるが、ある集団構成員のなかにその属する集団に対して「われわれの」という意識が存在するか否かは、その集団が民族であるか否かの判定にあたって、最低限確認さるべき点であろう。中国人が自らを夏人、華夏と称したり、『春秋左氏伝』成公に、夷狄の楚に対して「我が族類に非ずんば、其の心必ず異なる」と

▼内蒙古と新疆における自治運動・民族運動　日本の敗退とともに、内蒙古には内外の蒙古の統一運動が生じた。当時の情勢はこれを許さなかったが、一九四六年一月には民族主義的な色彩の濃い東蒙古人民自治政府が樹立された。しかし、これも四六年四月、中国共産党の指導のもとに解消される。
　新疆では、一九三一年ハミでのイスラム教徒の反乱があり、さらに四四年にはウイグル、カザフ両族は伊寧（イーニン）を中心に東トルキスタン共和国を樹立した。しかし、これも四九年の新中国誕生の翌年解散した。

あるような認識を示していたりしていることは、中国における「民族集団」の出現の古さを物語る。各民族間の相互不信の意識のもと、古来より激しい抗争がくりひろげられてきたことは本書で縷々述べてきたところである。

ここで確認しておきたいことがある。『通典』▲という本に、非漢民族の侵攻が熾烈を極めた中国史上の五胡十六国北朝の時代において、非漢民族が六世紀に建国した周と斉という国のありさまを伝えて、

> 周・斉は毎に騎馬の兵をもって戦い、夏人(漢民族)を駆り立てて(自らを守るための)肉の籬とし、まさに漢狗(漢の犬、漢民族に対する蔑称)をきって馬を飼うべきであり、刀は漢狗の頭を刈るためにあるのであり、草を刈るためにあるのではない、といった。

とみえる。ここにはこの時代における異民族支配の一面がなまなましく伝えられている。

しかし、こうした「攻撃」がもっぱら漢民族に対してのみ加えられ、漢民族は終始被害者であったとするならば、それは歴史の真実を伝えたものとはいいがたい。このことは例えば、右と同時代の江南の事柄を記した歴史書である

▼**『通典』** 中国の上古から唐の玄宗朝の天宝年間(七四二〜七五六年)までの諸制度を沿革的に通観した書物。二〇〇巻。社会経済史、法制史のみならず礼制史の研究において極めて有益な書物であり、とくに隋・唐時代にかかわる部分は最重要の文献である。

『宋書』▲という本に、五世紀のこととして、漢民族王朝宋が江南の非漢民族に対する大掃討戦を敢行したことを伝え、

> 将兵に命じ、ほしいままに誅討(ちゅうとう)をおこなわせた。長江、漢水の地域では山を捜し谷を覆すといった体で武力のかぎりをつくした。その結果首をつながれた捕虜は数百万にのぼり、子どもや老人にいたるまでとらえて取り調べ、将兵は「好殺」をくりひろげ、武器の使用は「酸惨(さんさん)」を極めた。

とある記載などから容易に知ることができるのである。同様の事柄は近世、近代にいたるまでくりひろげられたのであり、それは例えばさきにみたように清朝が西南少数民族地域への支配の貫徹をめざし強行した「改土帰流」の際に生じた苗族の反乱を圧伏したことを伝え、『清史紀事本末』▲に、

> 改土帰流、違う者は勦(ころ)す。……時にとらえた苗族はみな腸をえぐり喉を截(き)って崖樹に吊るした。このため苗族の抵抗の気持ちはますます堅くなった。

とする記述などにもあらわれているのである。一方、こうした対立を乗りこえようとする人間の意志が中国の歴史をつうじて強く働いていたことも忘れては

▼**『宋書』** 中国、南朝の宋の歴史を記した書物。正史の一つ。南朝梁の沈約の作。全一〇〇巻。南朝斉の武帝の永明五(四八七)年に筆をとり、翌年には早くも完成した。このような短期間になった正史は、ほかにはその例をみない。

▼**『清史紀事本末』** 清一代の紀事本末を記した歴史書。民国の黄鴻寿の作。八〇巻。宋、元、明など各朝の紀事本末に続ける意図のもとに編まれた書。一題ごとに一巻とし、太祖から光緒帝までの事跡は『東華録』から材料をとっている。

ならない。さきに掲げた『宋書』の記事に続けて、「武器の使用は「酸惨」を極めた。積年の怨みとはいえあまりにむごい報復である」とする評語がみえるのは、そのような対立、報復を認めない立場の表明であり、そうした意志の存在の一端を伝えるものである。こうした意志の存在が、中国において古来から展開されてきた諸民族との融合、中国文明の進展の一原動力となったと考えられることもまた忘れるべきではないであろう。

中国の「周辺」地域としての日本

以上、中国史上における諸民族の歴史について述べてきた。それらの諸民族の歴史のうち、蒙古民族や満州民族などのそれは本来北アジアの民族の歴史として論じられるべきかもしれない。ただ、本書においては、それらの民族が中国にはいって王朝を建てたこと、それらの王朝が秦漢以降の中国の領域以北の地をも支配下におさめた結果、いわゆる中国というものの領域が拡大したこと、それらの要因と密接にからみあいながら漢民族自体も時代の変遷とともに変容、拡大してきたことのために、それらの民族を中国史上の諸民族の対象として取り上げた。

こうした視角を拡大すれば、朝鮮や日本などの民族も中国史との関わりで論ずることも不可能なことではない。また、朝鮮や日本などの中国「周辺」の地域が、古来より中国の大きな影響を受けてきたことをも念頭におけば、むしろこうした視角からの論も当然なされるべきであろう。ただし、日本における歴史の展開は、東洋における歴史の展開とは本質的なところで区別されるものとして、ときには異質なものとして述べられることが多い。しかし、両者の歴史は別個の独立した過程として成り立ちうるのであろうか。むしろ日本の歴史を大陸の歴史との関連でみてみるほうが事実にそくしているようにも思われる。いまそのように私が考える理由の一端を「中華」という思想の日本における受容という事例をあげてみてみよう。

『魏志倭人伝(ぎしわじんでん)』は、正式には『三国志』魏書東夷伝倭人の条と呼ぶべきものである。つまり、中国の政治思想からみたとき、倭人は東西南北の夷狄のうちの東方に位置する夷狄として位置づけられる存在である。邪馬台国が「邪」という字を冠せられていること、卑弥呼が「卑」という字を冠せられていることなどからも、そのことは容易に知ることができる。

では、日本の武家政権の統領たる征夷大将軍の「夷」とはなにを指しているのであろうか。中国の政治思想によれば、「夷」は中国東方に居住する夷狄を意味し、中国西方の戎(じゅう)、南方の蛮、北方の狄とともに、四夷の一角を占める蛮族に対する呼称である。征夷大将軍の呼称にみえる「夷」とはこの官職の起源まで遡るとき、明らかにそれは蝦夷(えぞ)を指している。蝦夷は中国からみたとき、東夷の一種族となるが、では征夷大将軍を設置し蝦夷を討伐した日本は自らを東夷としたうえで、さらにその東方の夷狄たる蝦夷を東夷とみなしたのであろうか。明らかにそうした観点から征夷大将軍は設置されているのではない。日本を「中国」とみなすことによってその東方に位置する蝦夷を東夷とみなし設置された官職である。

古来より京都に上ることを「上洛」と称することは周知のことである。これは日本の都である京都を中国の古都である洛陽にみたてた呼称である。洛中洛外図屏風などの存在はそうした観念の定着を示している。中国史上王朝の首都とされた都市は数多いが、洛陽は古来「土中」(中国の中心の意)とも称される中

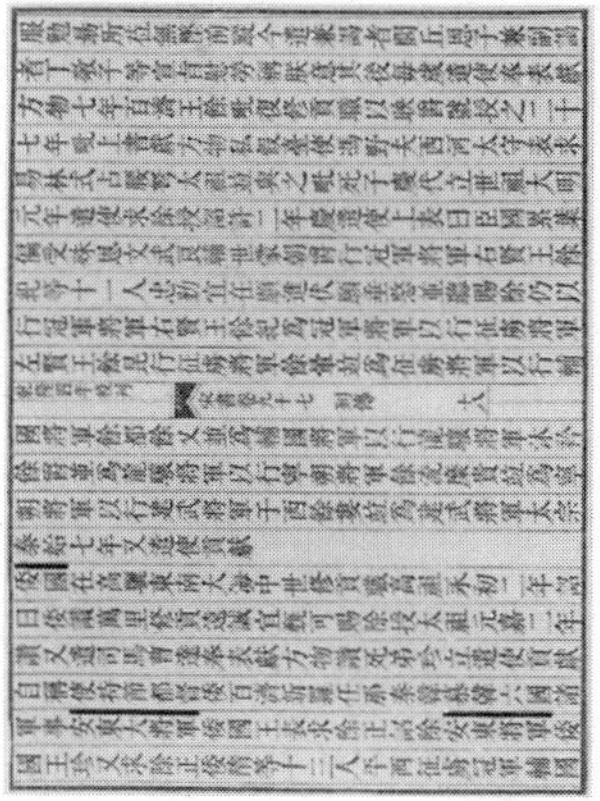

『宋書』倭国伝　安東大将軍、安東将軍の文字がみえる。

華世界の中心と目される都である。その洛陽に日本の京都をなぞらえるということは、中国的中華の観念が日本に移植されたことを想定させる。征夷大将軍が鎮圧する蝦夷は、中国の洛陽に比定された中華たる日本の京都からみたとき、その東辺に位置する「夷」として位置づけられていたと考えられるのである。

古代日本の呼称である倭国の王は、五世紀のいわゆる倭の五王の時代に中国皇帝から安東将軍に任ぜられている。雄略天皇に比定される倭の五王の最後の王・倭王武は中国の南北朝時代のことを述べた史書『宋書』にみられる彼の上表文によれば、安東将軍として周囲の夷狄を討伐し中国皇帝の支配領域を広げたと述べている。これは倭王武が自らが任命されている安東将軍が「中国の東方を安んずる」任務をおびた将軍であることを認識していたことを示している。

とすると、この倭王武の時代よりあとに、古代日本は中国的世界秩序を脱して、自らを中華とする政治秩序を構築し、その東方にいる夷狄として蝦夷を位置づけたことになろう。その明確な時点を確定することは難しいが、遣隋使派遣の際の有名な「日出処天子致書日没処天子」とする自らを中国皇帝と同じく天子と称した文言によれば、聖徳太子のころにはその大勢が決していたと考えられるのである。こうした非漢民族国家の「中華」化の動きは高句麗（こうくり）、百済（くだら）、新羅（しらぎ）にも生じており、その淵源は五胡と呼ばれた匈奴（きょうど）や鮮卑（せんび）などの「中華」化にあるのであるが、このことは日本という国家の形成が、東アジアの動向と決して無関係に推移していたわけではないことを如実に示しているとされるであろう。

　また、安土桃山時代にはポルトガル人やスペイン人を南蛮と称したが、それは右で述べた世界観、すなわち日本を中華とみなし、その四方に夷狄を配するという世界観が安土桃山時代まで存続したことを示している。さらに、幕末にペリーが来航したとき、それが尊皇攘夷の語にみられるように、東方に居住する夷狄を意味する「夷」をもって呼称され、西方の戎、南方の蛮、北方の狄ではなかったこと、そしてその「夷」を安んずることが征夷大将軍に求められたことは、そうした世界観の影響の深さをわれわれに示しているのである。

　日本の歴史と大陸の歴史との関連の全体像を述べることは本書のような小冊子のよくするところではない。いまは本書を終えるにあたってこうした視角が極めて重要であることを指摘して本書の結びとしたい。

南蛮屛風　ポルトガル人やスペイン人は九州の平戸や長崎に定期的に来航し貿易をおこなった。日本の輸出品はおもに銀で、輸入品は生糸、絹織物、鉄砲、火薬、ガラス製品などであった。

参考文献

石橋崇雄「清朝国家論」『東アジア・東南アジア伝統社会の形成——一六〜一八世紀』（岩波講座世界歴史13）岩波書店　一九九八年

内田吟風『北アジア史研究』同朋舎　一九七五年

梅村坦・伊原弘『宋と中央ユーラシア』（世界の歴史7）中央公論社　一九九七年

江上波夫『ユウラシア古代北方文化——匈奴文化論考』全国書房　一九四八年

尾形勇・岸本美緒編『中国史』（新版世界各国史3）山川出版社　一九九八年

愛宕松男『契丹古代史の研究』東洋史研究会　一九五九年

貝塚茂樹・西嶋定生編『中国の歴史』講談社　一九七四年

川本芳昭『魏晋南北朝時代の民族問題』汲古書院　一九九八年

川本芳昭「漢唐間における「新」中華意識の形成——古代日本・朝鮮と中国との関連をめぐって」『九州大学東洋史論集』三〇　二〇〇二年

佐々木信彰『多民族国家中国の基礎構造——もうひとつの南北問題』世界思想社　一九八八年

佐々木信彰編『現代中国の民族と経済』世界思想社　二〇〇一年

佐竹靖彦「唐宋期の家族と社会——山洞と洞蛮」『都立大学人文学報』二七七　一九九七年

沢田勲『匈奴——古代遊牧国家の興亡』東方書店　一九九六年

島田正郎『遼朝史の研究』創文社　一九七九年
島田正郎『契丹国――遊牧の民キタイの王朝』東方書店　一九九三年
周達生『中国民族誌――雲南からゴビへ』日本放送出版協会　一九八〇年
杉山正明『モンゴル帝国の興亡』講談社　一九九六年
杉山正明「中央ユーラシアの歴史構図」『中央ユーラシアの統合――九〜一六世紀』（岩波講座世界歴史11）岩波書店　一九九七年
武内房司「中華文明と「少数民族」」『普遍と多元――現代社会へむけて』（岩波講座世界歴史28）岩波書店　二〇〇〇年
竹村卓二編『儀礼・民族・境界――河南諸民族「漢化」の諸相』風響社　一九九四年
谷井俊仁「契丹仏教政治史論」『中国仏教石経の研究――雲居寺石経を中心に』（氣賀澤保規編）京都大学学術出版会　一九九六年
田村実造『中国征服王朝の研究』同朋舎　一九八五年
鳥居龍蔵『鳥居龍蔵全集』朝日新聞社　一九七五年
鳥居龍蔵『中国の少数民族地帯をゆく』朝日新聞社　一九八〇年
堀敏一『中国と東アジア世界――中華的世界と諸民族』岩波書店　一九九三年
松丸道雄・池田温・斯波義信・神田信夫・濱下武志編『中国史4』（世界歴史大系）山川出版社　一九九九年
三上次男『金史研究』中央公論美術出版　一九七二年
三崎良章『五胡十六国――中国史上の民族大移動』東方書店　二〇〇二年

宮本一夫『中国古代北疆史の考古学的研究』中国書店　二〇〇〇年
村松一弥『中国の少数民族──その歴史と文化および現況』毎日新聞社　一九七三年
護雅夫『遊牧騎馬民族国家──〝蒼き狼〟の子孫たち』講談社　一九六七年
護雅夫・神田信夫編『北アジア史』（世界各国史12）山川出版社　一九八一年
山内弘一『朝鮮からみた華夷思想』（世界史リブレット67）山川出版社　二〇〇三年
林恵祥『中国民族史』台湾商務印書館　一九七一年
国家民委民族問題五種叢書編輯委員会『中国少数民族』人民出版社　一九八一年

図版出典一覧

『アサヒグラフ　中華人民共和国出土文物展』1973	66
江上波夫『ユウラシア古代北方文化』全国書房　1948	17
河南省博物館蔵（京都大学人文科学研究所拓本）	30右上
華梅『中国服装史』天津人民美術出版社　1989	19下左
神田信夫『図説中国の歴史８』講談社　1977	57中
『華厳寺』文物出版社　1980	28右
北九州市立美術館『中華人民共和国出土文物展』日本経済新聞社　1977	14, 23上, 下
京都大学文学部博物館『中国石刻拓本展』　1990	30左下
氣賀澤保規編『中國佛教石經の研究』京都大学学術出版会　1996	28左
神戸市立博物館	87
朝日新聞社『三星堆――中国五千年の謎』1998	64右, 左
『世界大百科事典』平凡社　1981	30右下, 右中
中国南京博物院『甦える南遷文物』TBS　1998	57下
『長城』文物出版社　1983	57上
日銀貨幣博物館	42
日比野丈夫『中国の歴史10』講談社　1975	44, 75
村上正二『図説中国の歴史６』講談社　1977	40
護雅夫『遊牧騎馬民族国家』講談社　1967	22
護雅夫・神田信夫編『北アジア史』（世界各国史12）　山川出版社　1981	30左上
著者撮影	7, 18, 19上, 中2点, 下右, 38, 39, 45, 49右, 左
C. P. C	カバー表, 裏, 扉, 43

世界史リブレット61

中国史のなかの諸民族

2004年２月25日　１版１刷発行
2020年４月30日　１版７刷発行

著者：川本芳昭

発行者：野澤伸平

装幀者：菊地信義

発行所：株式会社 山川出版社

〒101-0047　東京都千代田区内神田1-13-13
電話　03-3293-8131(営業)　8134(編集)
https://www.yamakawa.co.jp/
振替　00120-9-43993

印刷所：明和印刷株式会社

製本所：株式会社 ブロケード

 ISBN978-4-634-34610-9

世界史リブレット　第Ⅰ期［全56巻］

〈すべて既刊〉

1 都市国家の誕生
2 ポリス社会に生きる
3 古代ローマの市民社会
4 マニ教とゾロアスター教
5 ヒンドゥー教とインド社会
6 秦漢帝国へのアプローチ
7 東アジア文化圏の形成
8 中国の都市空間を読む
9 科挙と官僚制
10 西域文書からみた中国史
11 内陸アジア史の展開
12 歴史世界としての東南アジア
13 東アジアの「近世」
14 アフリカ史の意味
15 イスラームのとらえ方
16 イスラームの都市世界
17 イスラームの生活と技術
18 浴場から見たイスラーム文化
19 オスマン帝国の時代
20 中世の異端者たち
21 修道院にみるヨーロッパの心
22 東欧世界の成立
23 中世ヨーロッパの都市世界
24 中世ヨーロッパの農村世界
25 海の道と東西の出会い
26 ラテンアメリカの歴史
27 宗教改革とその時代
28 ルネサンス文化と科学
29 主権国家体制の成立
30 ハプスブルク帝国
31 宮廷文化と民衆文化
32 大陸国家アメリカの展開
33 フランス革命の社会史
34 ジェントルマンと科学
35 国民国家とナショナリズム
36 植物と市民の文化
37 イスラーム世界の危機と改革
38 イギリス支配とインド社会
39 東南アジアの中国人社会
40 帝国主義と世界の一体化
41 変容する近代東アジアの国際秩序
42 アジアのナショナリズム
43 朝鮮の近代
44 日本のアジア侵略
45 バルカンの民族主義
46 世紀末とベル・エポックの文化
47 二つの世界大戦
48 大衆消費社会の登場
49 ナチズムの時代
50 歴史としての核時代
51 現代中国政治を読む
52 中東和平への道
53 世界史のなかのマイノリティ
54 国際体制の展開
55 国際経済体制の再建から多極化へ
56 南北・南南問題

世界史リブレット　第Ⅱ期［全36巻］

〈すべて既刊〉

57 歴史意識の芽生えと歴史記述の始まり
58 ヨーロッパとイスラーム世界
59 スペインのユダヤ人
60 サハラが結ぶ南北交流
61 中国史のなかの諸民族
62 オアシス国家とキャラヴァン交易
63 中国の海商と海賊
64 ヨーロッパからみた太平洋
65 太平天国にみる異文化受容
66 日本人のアジア認識
67 朝鮮からみた華夷思想
68 東アジアの儒教と礼
69 現代イスラーム思想の源流
70 中央アジアのイスラーム
71 インドのヒンドゥーとムスリム
72 東南アジアの建国神話
73 地中海世界の都市と住居
74 啓蒙都市ウィーン
75 ドイツの労働者住宅
76 イスラームの美術工芸
77 バロック美術の成立
78 ファシズムと文化
79 オスマン帝国の近代と海軍
80 ヨーロッパの傭兵
81 近代技術と社会
82 近代医学の光と影
83 東ユーラシアの生態環境史
84 東南アジアの農村社会
85 イスラーム農書の世界
86 インド社会とカースト
87 中国史のなかの家族
88 啓蒙の世紀と文明観
89 女と男と子どもの近代
90 タバコが語る世界史
91 アメリカ史のなかの人種
92 歴史のなかのソ連